발레
음악 산책

일러두기

- 외국 인명과 지명, 작품 속 캐릭터명은 국문을 우선으로 하되 영문명을 병기했으며, 국립국어원 외래어 표기법을 따르되 필요한 경우 관용적 표기를 따랐다.
- 발레 용어는 프랑스어 발음법에 기초한 《올바른 발레 용어》(이유라·이미라 지음)의 표기법을 따랐다.

발레 음악 산책

The Ballet Class

3

김지현

지음

FLOOR
WORX.

라 비반디에르
라 에스메랄다
1844

빠드꺄트르
1845

Pugni
1803~1870

1841 지젤

1856 해적

1862
파라오의 딸

Adam
1803~1856

1866
베니스의 카니발

Minkus
1826~1917

돈키호테
1871

라 바야데르
1877

파키타(재)
1881

1870
코펠리아

1876
실비아

Drigo
1845~1930

Delibes
1836~1891

1877
백조의 호수

라 에스메랄다(재)
1886

1890
잠자는 숲속의 미녀

탈리스만
1889

Tchaikovsky
1840~1893

1892
호두까기인형

어웨이크닝
오브 플로라
1894

Glazunov
1865~1936

레이몬다
1898

해적(재)
1899

사계
1899

할리퀴네이드
1900

Stravinsky
1882~1971

불새
1910

페트루슈카
1911

봄의 제전
1913

로미오와 줄리엣
1940

Prokofiev
1891~1953

신데렐라
1944

Khachaturian
1903~1978

1942
가이느

1954
스파르타쿠스

prologue
산책로 안내문

'발레 음악' 하면 어떤 음악이 떠오르시나요? 〈호두까기인형〉의 별사탕 요정 춤? 〈백조의 호수〉의 네 마리 백조 춤? 네, 맞아요. 모두 최고의 발레 음악이죠! 하지만 수많은 발레 작품이 존재하듯 세상에는 다양한 발레 음악이 있답니다. 그리고 그 음악 안에는 많은 이야기가 담겨 있어요. 누군가의 삶이 담겨 있고, 예술적 의미와 움직임의 원동력이 담겨 있죠.

발레는 음악과 함께해야 빛이 납니다. 발레 음악 역시 발레와 함께해야 진정한 완전체가 되고요. 춤은 음악을 볼 수 있도록, 음악은 춤을 들을 수 있도록 긴밀한 상호 관계로 엮여 있어요. 아름다운 무용수의 손끝과 발끝에서 춤이 흘러나오듯 음악 또한 리듬 안에서 춤을 춥니다. 발레 음악은 이러한 상호 보완적 존재 가치로 인해 특별한 예술성을 띱니다. 클래식 음악이지만 발레 음악으로서의 또 다른 정체성을 갖게 됩니다.

제게 발레 음악이란 산책과도 같습니다. 산책은 몸을 일깨우기도 하고, 사색을 통해 새로운 깨달음을 얻기도 하는 시간이죠. 깊게만 느껴졌던 클래식 음악 세계를 넘어 제가 만난 발레의 세계는 바로 그런 산책길과도 같았습니다. 움츠려 있던 몸을 움직이게 하고 새로운 음악적 영감을 불어넣어줬죠. 때때로 그 산책길은 울창한 숲길이기도, 풀내음이 가득한 들길이기도 했습니다. 새롭고 다양했지만 모두 저마다의 아름다움을 지녔어요. 또한 발레 음악에 내재돼 있는 움직임의 힘은 다양한 발걸음으로 산책할 수 있게 해줬답니다. 이 발걸음은 삶의 작은 기쁨을 주는 원동력이 돼 여전히 저의 몸과 마음을 춤추게 하고 있습니다.

이 책은 클래식 발레 주요 작곡가들의 발레 음악 이야기를 담았습니다. 이 발레 음악 이야기가 여러분에게도 다양한 의미를 전해주는 새로운 산책길이 되기를 바라봅니다. 10명의 산책 파트너와 산책 코스가 여러분을 기다리고 있답니다. 듣는 발레, 보는 음악의 감동을 이 책을 통해 느껴보길 바라요.

자, 그렇다면 이제부터 저와 함께 발레 음악 산책을 시작해볼까요?

산책 안내 사항

1. 시대의 흐름에 따른 작곡가별 산책 코스로 구성돼 있습니다.
   '산책 준비하기'로 워밍업은 필수!

2. 스마트폰으로 각 코스마다 준비된 QR코드를 찍어보세요.
   음악을 감상하면서 눈과 귀로 산책하세요.

3. 발레 작품에 대한 이해가 있으면 더욱 좋아요.
   짝꿍 책 《발레 작품의 세계》(한지영 지음)를 참고해주세요.

4. 즐겁고 여유로운 마음으로 산책길에 오르세요.
   여러분의 완주를 응원합니다.

Contents

prologue
산책로 안내문
5

산책 준비하기

step 1
나의 산책 파트너
12

step 2
발레가 음악을 만나는 길목에서
25

발레 음악 산책 코스

course 1
로맨틱 튀튀를 타고 흐르는 선율, 아당
40

course 2
역대 최다작의 발레 전문 작곡가, 푸니
49

course 3
아이디어 커넥터, 들리브
59

course 4
프티파의 옷을 입다, 밍쿠스
71

course 5
개정판 발레 음악의 금손, 드리고
83

course 6
발레 음악계 프린시펄, 차이콥스키
93

course 7
이보다 더 우아할 수는 없다, 글라주노프
109

course 8
이 정도는 돼야 센세이션, 스트라빈스키
118

course 9
음악이 다 했다, 프로코피예프
133

course 10
대중 속으로 들어간 발레 음악, 하차투리안
144

epilogue
산책을 마무리하며
153

산책 준비하기

step 1

나의 산책 파트너

#오케스트라 #지휘자 #피아니스트 #작곡가 #편곡가

음악으로 발레를 하는 사람들이 있습니다.
음악을 만들고, 함께 연습하고, 무대에 올리기까지
수많은 음악 스태프들이 존재하죠.
바로 발레 음악 산책의 파트너입니다.

귀 호강 오케스트라 라이브 발레 공연을 볼 때면 오케스트라 피트석에서 연주하는 오케스트라와 지휘자를 만나게 됩니다. 공연이 시작되기 전 오케스트라 피트석에서는 연주자들이 분주하게 악기를 튜닝합니다. 공연 시작을 위해 공연장 불이 꺼지면 침묵 속 긴장과 함께 오케스트라 피트석의 반짝이는 악보 조명이 잔잔하게 무대 아래를 채웁니다. 연주자들 사이로 지휘자가 등장하고 객석에서는 공연의 첫 박수가 터져나오죠. 기대와 응원의 힘을 실어서요. 객석을 향한 지휘자의 짧은 인사가 끝난 후 지휘봉이 올라갑니다. 드디어 시작을 알리는 서곡이 연주되죠.

클래식 전막 발레를 위한 오케스트라는 보통 100명 정도로 편성된 대규모 오케스트라입니다. 오케스트라는 크게 현악기, 목관악기, 금관악기, 타악기 파트로 나뉩니다. 지휘자의 음악적 견해나 공연장의 구조 및 음향 효과에 따라 악기의 자리 배치는 조금씩 달라지기도 합니다.

발레를 위한 오케스트라 해외의 유명 발레단들은 대부분 그들만을 위한 오케스트라를 두고 있습니다. 러시아의 마린스키 발레단, 영국의 로얄 발레단, 프랑스의 파리 오페라 발레단, 미국의 아메리칸 발레 시어터 등이 대표적이죠. 한 극장에 발레단과 오케스트라가 함께 소속돼 긴밀하게 협업합니다. 마치 하나의 몸(극장)에 팔(발레단, 오페라단, 합창단)과 다리(오케스트라)가 있는 것처럼요. 최고의 파트너십을 발휘하기에 유리한 조건들이 잘 갖춰져 있습니다.

더불어 지휘자는 발레 음악을 전문으로 연주하는 지휘자예요. 보통 지휘자가 곧 발레단의 음악 감독이기도 하답니다. 발레를 위한 오케스트라의 역량은 바로 그들 손에 달려 있어요. 지휘자는 작품에 대한 이해는 물론이고, 춤과의 호흡에 매우 능숙해야 하죠. 발레 음악의 특성상 극의 흐름과 동작에 따라 변박자 구성이 많고, 고난도 테크닉 동작의 경우에는 템포에 민감하기 때문이에요. 바로 이런 전문 지휘자의 손끝에서 풍부한 음악이 탄생하고, 그 바탕 위에서 무용수들의 살아 있는 움직임이 만들어진답니다.

피아노가 함께 춤추다 공연에서는 오케스트라의 연주로 무대에 올리지만, 오케스트라와 매일 연습을 할 수는 없어요. 오케스트라와는 보통 공연 전 단기간 무대 리허설을 갖고 무대에 오른답니다. 평상시에는 수많은 파트로 나눠 반복 연습을 하기 때문에 이 모든 과정을 100명의 오케스트라와 함께한다는 건 불가능하죠. 그렇다면 발레단이 매일 연습할 땐 오케스트라 대신 어떤 음악으로 연습할까요? 바로 피아노입니다. 연습실마다 피아노가 있고, 발레단마다 피아니스트가 라이브 연주로 그들의 연습을 돕고 있습니다.

대부분의 발레단은 피아니스트를 '클래스 피아니스트'와 '리허설 피아니스트'로 나눕니다. 각 피아니스트의 역량이 다르기 때문인데요. 클래스 피아니스트는 동작에 따른 즉흥 연주와 편곡에 능숙해야 하고, 리허설 피아니스트는 연주력이 뛰어나야 합니다. 두 포지션 모두 동작에 대한 완벽한 이해와 호흡은 기본입니다. 물론 각 발레단의 상황에 따라 클래스와 리허설을 동시에 겸하는 피아니스트가 있기도 하고, 녹음된 음원으로 연습하는 발레단이 있기도 합니다.

피아노는 88개의 건반이 가진 전 음역대를 이용해 선율과 화성 그리고 리듬을 모두 구사할 수 있는 유일무이한 악기입니다. 피아노만의 섬세함은 물론, 오케스트라의 풍성함까지도 모두 구현해낼 수 있죠. 그래서 피아니스트는 발레와 함께 호흡하며 건반 위에서 손끝으로 춤을 춘다고 표현을 합니다. 피아니스트에게 무용수는 움직이는 악보와도 같으니까요.

왜 라이브 연주가 필요할까?

무대 공연과 함께하는 오케스트라. 연습실의 피아노. 왜 꼭 라이브 연주여야 할까요? 녹음된 음악에 춤을 추는 것과 서로의 움직임, 소리에 즉각적으로 반응하는 것 사이의 예술적 차이라고 할 수 있습니다. 춤과 음악의 관계는 바로 상호 간의 호흡에 달려 있어요. 그 호흡이 일방적이지 않고 조화를 이룰 때 예술성은 더욱 배가됩니다. 지휘자와 무용수, 피아니스트와 무용수는 서로를 보고 음악을 들으며 같은 예술적 목표에 이르기 위해 함께 노력합니다. 때로는 무용수가 음악을 이끌어가기도 하고, 때로는 음악이 춤을 이끌어가기도 하면서 하나의 예술을 만들어나갑니다. 이 둘의 조화가 완벽할 때 우리는 예술적 이상향을 맛볼 수 있어요.

또한 실제 공연장에서 스피커를 통해 흘러나오는 음악과 100인조 오케스트라의 라이브 연주가 전하는 울림은 음향 면에서도 큰 차이가 있습니다. 라이브 연주가 훨씬 더 자연스럽고 생생한 울림을 선사하죠. 기계를 통해 분사되는 음향에서는 느낄 수 없는 심세한 악기의 배음, 공간의 울림, 연주자들의 숨소리와 그들의 열정 등은 오직 라이브 연주의 현장감을 통해서만 전달될 수 있습니다.

라이브 연주의 중요성은 연습실에서 더욱 두드러집니다. 무용수들은 매일 아침 발레 클래스로 그날의 연습을 시작합니다. 마치 매일 아침밥을 먹는 것처럼 하루도 거르지 않고 클래스를 진행합니다. 클래스를 통해 자신의 기량을 점검하거나 보완하면서 가장 춤추기 적합한 상태로 몸을 만들어가죠. 발레 클래스의 전통적인 순서에 따라 몸의 작은 움직임에서 서서히 큰 움직임으로 이어가는데요. 이는 신체의 근육을 점차적으로 이완하며, 강화하는 과학적인 접근이에요. 이때 발레 마스터는 무용수들의 예술적이고도 과학적인 몸의 훈련을 위해 매일 새로운 동작의 순서를 제시합니다. 피아니스트는 이 순서에 따라 다양한 음악을 연주함으로써 클래스의 진행을 원활하게 돕죠. 동작에 적합한 템포와 분위기의 음악을 연주하면서 기능적 역할뿐만 아니라 무용수에게 음악으로 예술적 영감을 불어넣어주는 역할이에요. 무용수의 음악성은 이 지점에서부터 훈련이 됩니다. 녹음된 음원으로 클래스를 진행할 경우, 그 음악의 템포와 길이에 맞춰 진행해야 하기 때문에 좀 더 다양하고 즉흥적인 동작을 수행하기에 제약이 있을 수 있어요.

발레 클래스 음악 발레 클래스 음악은 어떤 음악인지 잠시 살펴볼까요? 발레 클래스는 크게 바 워크(barre work)와 센터 워크(center work)로 나눌 수 있습니다. 오랜 발레의 전통에 따라 규정된 순서의 흐름이 있어요. 물론 발레 마스터에 따라 조금씩 다를 수는 있지만, 대부분 이 전통에 맞춰 발레 클래스를 진행하게 되죠. 보통 바 워크 8~10개, 센터 워크 10~15개 정도의 동작으로 약 90분 정도 진행됩니다.

이때 클래스 피아니스트는 상상력과 순발력을 동원해 동작에 알맞은 음악을 순서대로 즉시 연주합니다. 클래식 레퍼토리는 물론이고 재즈, 팝송, 영화 음악, 뮤지컬 음악, 자작곡, 즉흥 연주 등 무궁무진한 레퍼토리를 연주할 수 있어요. 단, 동작과 어울린다는 전제하에서요. 대부분 하나의 동작은 짧게는 32마디, 길게는 64마디의 길이를 갖기 때문에 동작의 길이에 맞게 편곡할 수 있는 능력을 지녀야 합니다. 또한 다양하고 빠르게 진행되는 클래스의 흐름 속에서 피아니스트의 즉흥 연주와 선곡 센스는 발레 피아니스트에게 꼭 필요한 능력이기도 해요. 그리고 각 동작에는 일반적인 템포와 길이, 박자 등이 있어요. 이 또한 발레 마스터의 재량에 따라 달라질 수 있지만, 크게 벗어나지는 않습니다.

그렇다면 바 워크의 주요 동작과 음악에 대해 살펴보도록 해요.

- **쁠리에**(plié): 쁠리에는 상체를 고정시킨 채 무릎을 구부렸다 폈다 하는 동작입니다. 보통 발의 위치에 따라 1번 포지션, 2번 포지션, 4번 포지션, 5번 포지션의 총 4가지 포지션으로 진행되고, 각 발의 포지션마다 16카운트[1], 총 64카운트의 길이를 갖습니다. 이 동작에는 부드럽고 서정적인 느낌의 느린 음악을 연주합니다.

- **바뜨망 땅뒤**(battement tendu): 땅뒤는 한 발은 무릎을 편 채 지탱하고 다른 한 발은 앞, 옆, 뒤로 밀어내는 동작이에요. 보통 1번이나 5번 포지션에서 이뤄집니다. 다리를 모으면서 시작하는 경우(in)가 있고, 다리를 밀어내면서 시작하는 경우(out)가 있어요. 이에

---

[1] 동작의 한 박자를 세는 단위. 음악의 마디 개념과 비슷하나 동작에 따라 세분화되기도 한다. 예를 들어 4/4박자 16마디는 32카운트로 셀 수 있다.

따라 음악의 악센트가 달라질 수 있습니다. 흐르는 것 같은 음악보다는 리듬이 분명한 음악을 사용하는 것이 적절합니다. 보통 32카운트의 길이로 느린 땅뒤부터 빠른 땅뒤까지, 다양한 템포로 시행됩니다.

- **롱 드 장브 아 떼르**(rond de jambe à terre): 이 동작은 한쪽 다리 축을 중심으로 다른 한 발이 바닥 위에 반원형을 그리는 동작이에요. 보통 32카운트 길이의 롱 드 장브 아 떼르가 이뤄진 후 16카운트나 32카운트의 뽀르 드 브라(port de bras)[2]가 추가로 이어집니다. 롱 드 장브 아 떼르의 음악은 보통 3/4박자의 느린 왈츠 음악을 사용하고, 뽀르 드 브라에서는 같은 박자의 보다 부드러운 느낌의 음악을 연주합니다.

- **바뜨망 퐁뒤**(battement fondu): 퐁뒤는 '녹은', '가라앉은'이라는 의미예요. 양 무릎을 구부려 가라앉고 움직이는 다리가 공중으로 펴지며 올라오는 동작이라고 할 수 있습니다. 이 동작의 음악적 특징은 바로 '프레이즈'인데요. 한 번 가라앉고 올라올 때마다 하나의 프레이즈를 갖습니다. 프레이즈 중간에는 호흡으로 늘려주고 당겨줘야 해요. 마치 치즈 퐁뒤처럼 부드러우나 탄력 있는 느낌의 음악으로 받쳐줍니다. 음악의 길이는 보통 32카운트입니다.

- **바뜨망 프라뻬**(battement frappé): 이 동작은 다리를 뻗으며 바닥의 표면을 치듯이 펴는 동작입니다. 힘차게 다리를 뻗을 수 있도록

2 팔 동작

강한 악센트와 스타카토 연주 기법을 사용하면 좋아요. 매우 절도 있는 빠른 2박계의 음악을 사용합니다. 보통 32카운트로 이뤄지며 뒤이어 쁘띠 바뜨망(petit battement)[3]이나 밸런스를 잡는 동작을 16카운트 추가로 수행하기도 합니다.

- **데블로뻬**(développé): 데블로뻬는 움직이는 다리를 앞, 옆, 뒤로 90도 이상 천천히 올려 펴는 동작이에요. 느린 아다지오의 음악에 맞추어 이뤄집니다. 유연하고 큰 동작인 만큼 드라마틱하고 아름다운 선율의 음악을 연주합니다.

- **그랑 바뜨망**(grand battement): 이 동작은 움직이는 다리를 힘차고 높게 차는 동작입니다. 많은 에너지가 필요한 동작이라서 행진곡풍의 음악이나 큰 왈츠 음악이 적절해요. 보통 32카운트로 연주됩니다.

159쪽 부록 발레 클래스 영상 QR코드를 참조하세요.

---

[3] 움직이는 다리가 지탱하는 다리의 앞과 뒤를 빠르게 교차시키며 작게 치는 동작

오선지에 그리는 춤

이렇게 클래스를 마치고 본격적인 전막 발레 연습이 시작됩니다. 그런데 전막 발레의 음악은 누가 만든 것일까요? 우리가 잘 알고 있는 차이콥스키, 들리브, 아당, 밍쿠스, 프로코피예프 등의 작곡가가 바로 전막 발레에 음악을 입힌 주인공들입니다. 대부분 19~20세기 유럽과 러시아를 무대로 활동했던 작곡가예요. 이들은 다음 챕터의 본격적인 산책 코스를 통해 만나보도록 해요.

같은 작품이라도 각 발레단마다, 또 안무가에 따라 다양한 재안무 버전이 존재합니다. 음악 또한 조금씩 수정되거나 삽입 혹은 재창작이 되곤 해요. 이때는 편곡자의 손길이 필요합니다. 편곡자는 수정 사항에 맞게 곡을 편집하거나 수정합니다. 편곡자의 재량에 따라 음악적으로 다양한 시도를 하기도 하죠. 선율 및 화성, 리듬의 변형 등을 통해 재창작에 대한 편곡자의 예술성을 엿볼 수 있어요.

20세기 드라마 발레 작품을 보면 기존의 클래식 곡을 발레곡으로 차용해 안무한 작품들이 많아요. 이 경우에 편곡자는 더 많은 역량으로 전막 작곡가만큼의 역할을 수행하기도 합니다. 예를 들어 존 크랑코(John Cranko)가 안무한 발레 〈오네긴〉은 차이콥스키의 관현악곡 외에도 피아노 소품, 오페라 음악 등으로 구성돼 있습니다. 이를 편곡가 하인즈 슈톨체(Heinz Stolze)가 모두 오케스트라곡으로 편곡해 아주 자연스러운 전막 발레 형식으로 재창작했어요. 단순 편곡 수준을 넘어 차이콥스키의 음악 어법에 맞게 오케스트레이션[4]을 했죠. 마치 차이콥스키가 〈오네긴〉

[4] 관현악 연주를 위해 작곡, 편곡하는 기법

을 위해 작곡한 느낌을 줄 정도로 말이에요.

그 외에도 각 발레단의 상황에 따라 음악 사서(music librarian), 음악 코디네이터(music coordinator), 음악 매니저(music manager) 등 다양한 역할의 뮤지션들이 발레 공연을 위해 각자 역할을 맡고 있습니다.

같지만 다른 음악

그렇다면 발레 음악이 일반 클래식 음악과 다른 점은 무엇일까요? 그냥 듣기엔 여느 관현악곡과 차이점이 없는 것 같죠. 겉으로 보기에 똑같은 오케스트라 음악이니까요. 심지어 화려한 발레 동작을 보는 데 집중하느라 음악을 흘려 듣는 경우도 있습니다. 하지만 알고 들어 보면 발레 음악은 분명 순수 기악곡과는 다른 독특한 존재감을 갖습니다.

먼저, 발레 음악에는 생생한 '움직임'이 담겨 있어요. 움직임을 만들어내기 위한 음악 요소로는 리듬이 단연 중요합니다. 전막 발레는 보통 수십 개의 짧은 곡들로 이루어져 있어요. 마치 리듬 창고와도 같습니다. 움직임을 끌어내기 위한 각양각색의 리듬들이 가득하죠. 게다가 잦은 변박과 템포의 변화도 한몫합니다. 이러한 움직임의 원동력이 되는 다양한 리듬은 발레 음악만의 특징이에요.

혹시 발레를 볼 때 각 장면의 음악과 주인공이 추는 춤의 길이가 왜 그토록 짧은지 한 번쯤 생각해보지 않았나요? 발레는 보기엔 참으로 우아하고 가뿐해 보이는 춤일지 몰라도 사실 엄청난 에너지가 필요한 고난도의 춤이랍니다. 일반적으로 클래식 발레의 솔로 바리에이션의 경우 약 2~3분, 군무의 경우 5~7분의 음악으로 구성돼 있습니다. 그 짧은 시간 안에 무용수의 모든 기량을 보여줘야 하는 것이죠. 춤을 마치고 무대 옆 막 사이로 퇴장해 커튼 뒤에서 숨을 고르는 무용수의 모습이 떠오르네요. 육체의 한계를 조절하기 위해서 발레 음악은 짧은 소품 성격을 띱니다. 그래서 전막을 구성하는 발레 음악은 보다 더 다양한 구성으로 들리는 특징을 지닌답니다.

또 발레 음악에는 '스토리'가 담겨 있습니다. 몸의 언어로 극의 이야기와 등장인물의 감정을 전달하죠. 그래서 춤은 마치 한 편의 시나 노래와도 같아요. 가사 없이 오로지 몸으로만 모든 것을 표현해야 하는 장르이기에 보다 드라마틱한 음악으로 만들어진 것이 특징입니다. 거기에 아름다운 선율과 풍부한 화성, 화려한 오케스트레이션이 더해져 우리의 마음과 귀를 사로잡습니다.

'움직임'과 '스토리'가 담긴 음악은 실제로 춤을 만났을 때 그 진가가 발현됩니다. 이것이야말로 클래식 음악과 발레 음악의 차이점이에요. 예를 들어, 관현악 연주를 위한 '발레 모음곡'과 실제 발레 공연에 연주되는 발레 음악의 차이가 그렇죠. 같은 음악이지만 음악 쪽으로 해석하느냐, 무용 쪽으로 해석하느냐에 따라 '같지만 다른 음악'이 됩니다.

기악곡으로서의 '발레 모음곡'[5]은 지휘자의 음악 해석에 따라 연주하게 됩니다. 어떠한 템포와 셈여림, 프레이즈로 연주할 것인지, 무엇을 표현할 것인지에 대한 지휘자의 음악적 견해가

---

5   발레 작품 중 주요 몇 곡을 선정해 기악 연주용으로 편집한 작품, 대표적으로 차이콥스키의 〈호두까기인형 모음곡, Op 71a〉가 있다.

포함돼 있죠.

반면에 발레 공연에 연주되는 음악은 무용적인 해석을 기반으로 합니다. 그 위에 지휘자의 음악적 해석과 견해를 덧입게 됩니다. 같은 음악이더라도 연주자에 따라 음악이 다르게 들리듯이, 같은 발레 음악이어도 춤이 담겨 있는지 아닌지에 따라 연주가 달라질 수 있어요. 무용수의 발끝과 지휘자의 손끝에서 새롭게 구현되죠. 춤에서 만들어지는 쉼표와 늘임표 그리고 무용수의 움직임의 속도에서 만들어지는 템포, 동작의 악센트에서 만들어내는 다이내믹, 춤의 프레이즈와 음악의 프레이즈의 조화 등이 바로 그것입니다. 그래서 같은 음악이더라도 발레와 함께 만들어내는 발레 음악은 그만큼 움직임이 살아 있는 것처럼 느껴지는 것입니다.

무용수의 음악성 피겨 퀸 김연아의 경기 장면을 기억하세요? 그녀는 경기 때마다 예술성에서 특히 높은 점수를 받았습니다. 그 이유가 바로 뛰어난 음악성 때문이었어요. 그녀의 경기를 보면 음악과 동작의 조화 그리고 음악을 표현하는 감정선이 매우 돋보입니다. 아무리 동작의 수행 능력이 뛰어나도 음악적 예술성이 없었다면 감동이 덜했을 겁니다. 음악성이 더해진 피겨는 단순 스포츠를 넘어서 공연 예술이 되죠. 그만큼 음악성은 예술적으로 보이게 해 주는 중요한 키워드예요. 무용수들에게는 말할 나위 없이 중요한 요소이고요.

그럼 무용수들은 음악을 어떻게 인지하고 사용할까요? 무용수들에게 직접 물어보니, 일반적인 경우는 먼저 리듬과 카운트로 음악을 몸에 익힌다고 해요. 그러고 나서 움직이는 선율 속에 감정과 느낌을 싣고 춤을 추게 된다고 하네요. 물론 반대인 경우도 있을 수 있고요.

무용수가 음악을 몸으로 표현하는 방법은 다양합니다. 무용수마다 같은 음악이어도 음악을 쓰는 포인트가 다른 경우를 볼 수 있어요. 음악성이 뛰어난 무용수들은 마치 무대라는 오선지에 흐르는 음표처럼 움직입니다. 단순히 박자를 잘 맞추는 것을 넘어서 음악을 리드하고 리듬을 타죠. 어떤 무용수는 음 하나하나를 놓치지 않을 듯 섬세한 표현으로 음악을 모두 사용합니다. 또 어떤 무용수는 주로 음악적 포인트, 즉 악센트나 클라이맥스에 음악적 에너지를 쏟죠. 또 어떤 무용수는 음악과 밀당을 하듯 큰 프레이즈 안에서 보다 자유롭게 리듬을 만들어냅니다. 템포에 민감한 고난도의 테크닉으로 춤을 춰야 하는 동작에는 사전에 지휘자와 긴밀하게 맞춰보는 작업을 거치기도 하고요. 군무의 경우, 여러 명의 무용수들이 하나처럼 움직일 수 있도록 기준이 돼주는 것이 바로 음악이랍니다.

관객의 입장에서는 어떠한 표현으로든 음악과 조화를 이루며 춤을 추는 무용수가 아름다워 보인답니다. 그래서 음악과 발레 사이의 환상적 케미는 무용수들의 춤과의 호흡에서 만들어진다고 할 수 있습니다.

step 2

발레가 음악을
만나는 길목에서

#발레의 제작 과정

음악과 발레는 어떤 과정으로 만나게 되는 걸까요?
음악이 먼저 만들어졌을까요? 춤이 먼저 만들어졌을까요?

전막 발레가 만들어지기까지 발레의 장르는 크게 클래식 발레와 현대 창작 발레로 나뉩니다. 현대 창작 발레는 클래식 발레보다 좀 더 다양한 접근 방식으로 제작됩니다. 그래서 이번 챕터에서는 '클래식 발레 레퍼토리'에 한정해 설명해보려 합니다.

전막 발레가 만들어지기 위해서는 먼저 대본이 필요합니다. 이 대본을 토대로 시놉시스(스토리 요약)가 만들어지고, 막(act)과 장(scene)으로 나누어 디테일한 세부 콘티를 제작하게 되죠. 안무가와 작곡가는 세부 콘티를 토대로 협업을 시작해요. 이들은 각 장면의 스토리 진행과 캐릭터의 느낌, 감정, 포인트 등을 공유하고 이에 따른 박자, 리듬, 길이 등을 의논합니다. 이를 바탕으로 작곡가가 먼저 음악을 만들죠. 작곡가가 곡을 완성하고 나면 안무가가 안무를 시작하고, 음악의 수정 및 보완 등의 과정을 통해 작품을 완성해갑니다.

안무가 먼저 만들어질 수도 있지만, 클래식 전막 발레는 대부분 먼저 완성된 음악에 맞춰 안무를 창작하는 것이 전례였습니다. 그리고 안무가가 작곡 과정에 적극적으로 참여하는 경우도 있었어요. 예를 들어, 푸니(Cesare Pugni)와 페로(Jules Joseph Perrot)의 작업 과정에서 푸니는 페로에게 피아노로 음악의 모티브를 들려주고, 그 자리에서 페로의 의견을 반영하며 음악을 완성하기도 했습니다.

클래식 전막 발레의 구성

클래식 전막 발레는 일반적으로 바리에이션, 빠드두, 디베르티스망, 군무, 서곡과 간주곡 등으로 구성돼 있습니다. 바리에이션(variation)이란 독무를, 빠드두(pas de deux)란 2인무를 말합니다. 주로 주역을 맡은 수석 무용수가 춥니다.

군무는 크게 두 그룹으로 나뉩니다. 소그룹으로 춤을 추는 군무는 3인무의 빠드트로와(pas de trois), 4인무의 빠드꺄트르(pas de quatre), 6인무의 빠드시스(pas de six) 등 적은 인원으로 구성됩니다. 디베르티스망(divertissement)[1]을 추는 군무진들이 이에 해당되고, 보통 솔리스트급 무용수들이 춥니다. 캐릭터 댄스가 바로 디

---

[1] 극의 내용과 상관없이 볼거리 위주로 추는 춤의 나열

베르티스망이기도 하죠.

대그룹 군무는 대형을 갖춰 움직이는 약 10명 이상의 큰 그룹으로 구성된 군무를 말합니다. 이 군무를 추는 무용수들을 꼬르드발레(corps de ballet)라고 해요. 솔리스트를 돋보이게 할 뿐만 아니라 무대를 아름답고 화려하게 고조시키는 역할을 합니다.

서곡(overture)은 1막이 열리기 전 제일 처음 연주되는 관현악곡을 말하고, 간주곡(intermezzo)은 막 사이에 연주되는 곡을 말합니다. 그 외에도 춤은 없지만 극의 진행이나 상황 묘사를 위한 단순 장면들이나 무대 효과, 팬터마임 신도 전막 발레를 구성하는 일부분입니다.

클래식 발레의 대표적인 안무가와 작곡가인 프티파(Marius Petipa)와 차이콥스키(Pyotr Ilyich Tchaikovsky)의 〈호두까기인형〉으로 전막 발레의 제작 과정과 구성을 더 자세히 알아보죠.

〈호두까기인형〉의 제작 과정 살펴보기

〈호두까기인형〉은 프티파가 안무를 하고 차이콥스키가 작곡을 한 작품입니다. 이 작품은 1890년, 마린스키 극장 감독인 우세볼로즈스키(Ivan Usevolozhsky)의 기획 아래 이루어졌죠. 우세볼로즈스키는 차이콥스키에게 음악을, 프티파에게 안무를 의뢰했습니다. 대본의 원작은 호프만(Ernst Theodor Amadeus Hoffmann)의 동화 《호두까기인형과 생쥐왕》이에요. 이 원작을 알렉상드르 뒤마(Alexandre Dumas)가 《호두까기인형의 이야기》로 번안, 각색했고 이를 토대로 프티파가 발레를 위한 시나리오를 만들었습니다. 차이콥스키는 프티파의 시나리오를 바탕으로 1891년 1월 작곡에 착수했습니다. 이때 프티파는 차이콥스키에게 음악에 대해 많은 요구 사항을 남겼어요. 프티파는 음악적으로 디테일한 요구 사항이 많았던 안무가로 유명했습니다. 각 신의 분위기, 길이, 템포, 리듬, 심지어 관현악 편성 등의 세부적인 것까지 요구했죠. 그중 일부를 보면 다음과 같습니다.

1막 1장 중 '크리스마스트리'

#1. 손님들이 트리를 장식하며 파티를 준비하고 있다: 섬세하고 신비로운 음악, 총 64마디

#2. 9시를 알리는 종소리와 함께 시계가 울릴 때마다 부엉이가 날갯짓을 한다. 그리고 모든 것이 준비돼 아이들을 부른다: 총 64마디

#3. 나무가 마술에 걸린 듯 빛나게 타고 있다: 8마디의 전조된 음악

문이 활짝 열리고 아이들이 등장한다: 소란스럽고 행복에 찬 음악 24마디

네 명의 아이들이 놀라움과 기쁨으로 가득 차서 멈춰 선다: 장 2도의 풍금 소리 몇 박자

1막 2장 중 '호두까기인형과 생쥐왕의 전투'

#1. 크리스마스트리가 다시 커진다: 48마디, 크레센도로 점점 커지며 웅장하고 환상적인 음악

#2. 시계 앞 보초병이 외친다. "거기 누구야!" 생쥐가 대답하지 않는다: 이때 2마디

또다시 "거기 누구야!": 이때 2마디는 조용하다.

보초병이 대포를 발사한다: 1마디나 2마디

인형들의 소동이 벌어진다: 공포의 2마디

보초병이 토끼 드러머를 깨운다: 8마디는 깨우는 음악, 8마디는 알람소리

편대를 이룬다: 4~8마디

생쥐들과 인형들의 싸움: 2/4박자의 48마디

쥐들은 승리해 진저브레드 군인들을 삼켜버린다: 8마디

생쥐가 이빨로 진저브레드를 씹어 먹는 소리가 들린다: 48마디 후에 8마디

#3. 생쥐왕이 나타난다. 생쥐 군단이 큰소리를 내며 들어온다. 쥐들은 찍찍 소리를 크게 낸다: 귀에 거슬리고 악의적인 음악, 생쥐왕의 입장은 8마디 그리고 '후아' 하고 외치는 소리 4마디

#4. 호두까기인형이 병사들을 소환하며 "전투 준비!!"라고 외친다: 4마디, 그리고 8마디 동안 군대의 편대를 이룬다.

#5. 두 번째 싸움이 시작된다: 다시 2/4박자

총소리가 울려 퍼진다. 대포알이 우박처럼 쏟아지고 사격이 시작된다.

날카로운 울음소리가 들린다: 96마디

#6. 호두까기인형을 방어하기 위해 클라라(마리)는 자신의 슬리퍼를 생쥐왕에게 던지고는 의식을 잃고 쓰러진다.

2마디의 날카로운 울음소리가 난 후 쥐들은 여섯 번의 휘파람 소리가 나는 동안 사라진다: 총 96마디

모든 안무가가 이렇게 디테일한 지시 사항을 작곡가에게 요구했던 건 아니었어요. 차이콥스키도 프티파의 모든 요구 사항을 전부 반영해가며 작곡하지는 않았죠. 하지만 이러한 제작 과정을 통해 음악이 곧 춤이고, 춤이 곧 음악이 된다는 것을 엿볼

수 있습니다. 이를 바탕으로 차이콥스키는 약 1년 3개월에 걸쳐 〈호두까기인형〉을 작곡해 이듬해인 1892년 4월 18일에 완성했습니다. 곧바로 프티파는 안무에 착수했어요. 하지만 당시 74세였던 프티파는 건강상의 이유로 이 작품의 안무를 모두 끝낼 수 없었습니다. 대신 자신의 보조 안무가였던 레프 이바노프(Lev Ivanovich Ivanov)에게 나머지 안무를 맡겼죠. 이렇게 완성된 안무로 그해 9월에 리허설을 시작했습니다.

완성된 〈호두까기인형〉은 2막 3장의 서곡 외 24곡, 총 25곡으로 구성됐고, 1892년 12월 18일 마린스키 극장에서 초연을 했습니다. 그 후 여러 버전으로 개정과 재안무를 거쳐 120여 년이 지난 지금도 연말이면 세계 각국의 여러 발레단에서 공연하는 크리스마스 시즌 필수 레퍼토리가 됐습니다. 그 버전만 해도 현재 16개에 달한다고 합니다. 우리나라의 경우, 국립 발레단은 볼쇼이 발레단의 유리 그리고로비치(Yuri Grigorovich) 안무 버전을, 유니버설 발레단에서는 마린스키 발레단의 바실리 바이노넨(Vasily Vainonen) 안무 버전을 공연하고 있습니다.

시놉시스 그리고로비치 안무 버전의 〈호두까기인형〉 중심으로 설명해보겠습니다. 그리고로비치의 버전에서는 '클라라'의 이름을 원작 동화와 같은 '마리'로 바꿨어요. 2막의 배경인 '과자나라'도 '크리스마스 랜드'로 바꿨고요. 호두까기인형은 목각인형이 아닌 어린 무용수가 연기합니다. 또한 마법사 드로셀마이어의 역할이 스토리텔링에 있어 중요한 역할로 등장하는 것이 특징적입니다. '풀피리 춤' 음악에는 프랑스 인형들의 춤이, '마더 진저의 춤'의 음악에는 각국 인형들의 군무가 들어갑니다.

- 1막 1장 │ 크리스마스이브. 파티를 위해 손님들이 마리의 집으로 모여든다. 아이들은 크리스마스트리 앞에서 신나게 춤을 춘다. 가면을 쓴 드로셀마이어가 등장해 아이들에게 지팡이가 서는 마술을 보여주며 흥미를 끈다. 그리고 잔뜩 기대에 부푼 아이들에게 인형 극장을 보여준다. 인형 극장에서 할리퀸과 콜롬빈 그리고 악마 인형들이 차례로 나와 춤을 춘다. 드로셀마이어는 마리와 프릿츠에게 호두까기인형을 선물한다. 하지만 장난꾸러기 프릿츠 때문에 호두까기인형이 망가지고 만다. 드로셀마이어가 호두까기인형을 고쳐준다. 한바탕 프릿츠와의 소동이 끝나고 손님들은 파티를 이어가며 축배를 한다. 파티가 끝난 후 모두들 집으로 돌아간다.

- 1막 2장 │ 한밤중 마리는 호두까기인형이 걱정돼 거실로 나와 호두까기인형을 안고 잠이 들었다. 꿈속에서 마법사 드로셀마이어가 나타나 지팡이를 휘두르자 크리스마스트리가 거대하게 커진다. 그리고 각 나라 인형들과 호두까기인형이 살아 움직이기 시작한다. 이때 생쥐왕과 생쥐들이 나타나 인형들을 위협하고 호두까기인형은 호두병정이 돼 생쥐들과 싸우기 시작한다. 생쥐왕의 공격에 호두병정이 위기에 처하자 마리는 생쥐왕을 향해 초를 힘껏 던져 쫓아낸다. 마리가 쓰러진 호두병정을 안고 슬퍼하자 호두병정은 멋진 왕자로 변신한다. 마리의 사랑으로 마법

이 풀린 왕자는 마리에게 자신의 나라 크리스마스 랜드로 여행을 떠나자고 한다. 크리스마스 랜드로 가는 길에 아름다운 눈송이 나라의 눈송이 요정들을 만나 함께 춤춘다. 그리고 배를 타고 크리스마스 랜드를 향해 하늘로 올라간다.

- **2막** | 크리스마스 랜드로 향하는 길, 어느새 따라온 생쥐들의 공격이 이어진다. 이번에는 왕자가 그들을 멋지게 물리친다. 마리와 왕자는 무사히 크리스마스 랜드에 도착해 행복해한다. 각국의 인형들이 둘을 위해 춤을 춘다. 스페인 인형의 춤, 인도 인형의 춤, 중국 인형의 춤, 러시아 인형의 춤, 프랑스 인형의 춤에 이어 꽃의 왈츠를 춘다. 마지막으로 마리와 왕자도 아름답게 춤추며 둘은 결혼을 한다. 크리스마스 아침, 잠에서 깬 마리는 모든 것이 꿈이었음을 깨닫는다. 지난밤 꾸었던 환상적인 꿈을 회상하며 특별한 크리스마스 아침을 맞이한다.

음악 구성
(*빠르기말은 157쪽 부록을 참조)

- **서곡**

    Allegro giusto, 2/4박자

- **1막 1장**

    1. 크리스마스트리

    Allegro non troppo, 4/4박자 - 마리의 집으로 모이는 손님들

    Più moderato, 4/4박자 - 호두까기인형을 들고 마리의 집으로

향하는 드로셀마이어

Allegro vivace, 6/8박자 - 마리의 집 거실로 등장하는 손님들, 트리의 점등

2. **행진곡**

    Tempo di marcia viva, 4/4박자 - 마리와 친구들은 신나게 춤을 춘다

3. **어린아이들의 갈롭과 부모님의 춤**

    Presto, 2/4박자 - 마리의 독무

    Andante, 3/4박자 - 부모님의 춤

    Allegro, 6/8박자 - 손님들의 군무

4. **드로셀마이어의 도착**

    Andantino, 4/4박자 - 드로셀마이어의 도착

    Allegro vivo, 4/4박자 - 아이들에게 마술을 보여주는 드로셀마이어

    Andantino sostenuto, 4/4박자 - 드로셀마이어의 춤

    Più andante, 4/4박자 - 아이들에게 보여줄 인형 극장의 등장

    Allegro molto vivace, 3/4박자 - 할리퀸의 춤

    Tempo di valse, 3/4박자 - 콜롬빈의 춤

    Presto, 2/4박자 - 악마 인형의 춤

5. **할아버지의 왈츠**

    Andante tempo di valse, 6/8박자 – 드로셀마이어를 조르는 마리와 프릿츠

    Andantino, 2/4박자 – 호두까기인형을 선물로 받은 마리

    Moderato assai, 2/4박자 – 호두까기인형을 망가뜨린 프릿츠

    Andante, 2/4박자 – 울고 있는 마리를 달래주는 드로셀마어

    L'istesso tempo, 6/8박자 – 다시 움직이는 호두까기인형

    Più mosso, 2/4박자 – 마리를 놀리는 프릿츠

    Tempo di grossvater, 3/8박자 – 손님들의 건배 춤

    Allegro vivacissimo, 2/4박자 – 손님들의 퇴장

- 1막 2장

6. **마리와 호두까기인형**

    Allegro semplice, 4/4박자 – 집으로 돌아가는 손님들

    Moderato con moto, 4/4박자 – 거실로 나온 마리

    Allegro giusto, 4/4박자 – 호두까기인형을 들고 잠든 마리

    Più allegro, 4/4박자 – 마리의 꿈속에 등장한 드로셀마이어

    Moderato assai, 4/4박자 – 트리가 커지고 각 나라 인형과 생쥐왕의 등장

7. **호두까기인형과 생쥐왕의 전투**

    Allegro vivo, 4/4박자 – 호두병정들과 생쥐들의 전투

8. **겨울의 소나무 숲**

   Andante, 3/4박자 - 왕자로 변신한 호두까기인형과 마리의 춤

9. **눈송이 왈츠**

   Tempo di valse, ma con moto, 3/4박자 - Presto, 2/4박자 - 눈송이 요정들의 춤과 마리와 왕자의 춤

- **2막**

10. 과자나라, 마법의 성

   Andante mosso, 6/8박자 - 각 나라 인형들의 등장

11. 왕자와 마리

   Andante con moto, 4/4박자 - 드로셀마이어의 춤

   Moderato, 6/8박자 - 왕자와 마리의 춤

   Allegro agitato, 4/4박자 - 왕자와 마리를 환영하는 각 나라 인형들

   Poco più allegro, 4/4박자 - 뒤쫓아온 생쥐왕과 왕자의 싸움

   Tempo precedente, 4/4박자 - 생쥐왕을 물리친 왕자

12. 디베르티스망

   ① 초콜릿, 스페인 춤
   Allegro brillante, 3/4박자 - 스페인 인형의 춤

   ② 커피, 아라비안 춤
   Commodo, 3/8박자 - 인도 인형의 춤

③ 차, 중국 춤
Allegro moderato, 4/4박자 - 중국 인형의 춤

④ 트레팍, 러시아 춤
Tempo di trepak, presto, 2/4박자 - 러시아 인형의 춤

⑤ 풀피리 춤
Andantino, 2/4박자 - 프랑스 인형의 춤

⑥ 마더 진저와 어릿광대
Allegro giocoso, 2/4박자 - Andante, 6/8박자 - Allegro vivo, 2/4박자 - 각 나라 인형들이 함께 추는 춤

13. 꽃의 왈츠

Tempo di Valse, 3/4박자 - 꽃송이들의 춤

14. 왕자와 마리의 빠드두

① 아다지오
Andante maestoso, 4/4박자 - 왕자와 마리의 춤

② 왕자 바리에이션
Tempo di tarantella, 6/8박자 - 왕자의 춤

③ 사탕요정 바리에이션
Andante ma non troppo, 2/4박자 - Presto, 2/4박자 - 마리의 춤

④ 코다
Vivace assai, 2/4박자 - 왕자와 마리의 춤

15. 마지막 왈츠

Tempo di valse, 3/4박자 - 마리와 왕자의 결혼식

Molto meno, 3/4박자 - **꿈에서 깨어난 마리**

    이렇게 기나긴 작업 과정을 거쳐 만들어지는 한 편의 전막 발레. 제작 과정에서부터 무대에 올리기까지 다양한 분야의 아티스트와의 협업이 존재했네요. 그중 작곡가의 비중은 작품의 뼈대와도 같습니다. 그 위에 안무로 살을 붙이고 의상과 무대 효과 등으로 옷을 입히죠.

    자, 그럼 이제부터 본격적으로 수많은 발레 작품들의 뼈대를 만들어온 작곡가를 차례로 만나봅시다.

발레 음악
산책 코스

course 1

로맨틱 튀튀를 타고 흐르는 선율,
아당

#지젤 #해적

Adolphe Charles Adam
1803~1856

설레는 첫 산책길은 발레 작곡가들의 롤모델이자
발레 음악의 시조가 되는 작곡가 아돌프 아당입니다.
그와 함께 가볍고 낭만적인 산책을 나서볼까요?

**아돌프 아당, 발레보다
더 유명한 그의 대표곡**

크리스마스 시즌이면 어김없이 들려오는 서정적인 캐롤이 한 곡 있습니다. 그 선율이 얼마나 아름다운지는 여러분도 들어보면 바로 느낄 수 있을 거예요. 바로 〈오 거룩한 밤〉이라는 곡입니다. 단순한 선율이지만 고결함과 따뜻함이 담겨 있는 노래죠. 특히 저는 맑은 목소리의 소년 합창단이 부르는 버전을 굉장히 좋아한답니다. 이 유명한 노래를 바로 아당이 작곡했어요. 아당만의 간결한 아름다움이 너무나 돋보이는 곡이죠. 발레로 비유하자면 마치 아름다운 빠드두 아다지오를 연상케 하는 곡입니다. 미국의 팝가수 머라이어 캐리가 불러 더 대중적인 곡으로 자리 잡기도 했습니다.

아당은 발레팬이라면 모두가 사랑하는 최고의 낭만 발레 〈지젤〉을 쓴 작곡가예요. 〈지젤〉 안에도 〈오 거룩한 밤〉처럼 한 편의 노래 같은 아름다운 선율이 담겨 있죠. 그의 이런 장점은 오페라에서 더욱 더 두드러져 39편의 오페라를 남겼습니다. 대표작으로는 〈롱쥐미의 우편배달부〉, 〈내가 만일 왕자라면〉 등이 있고, 〈지젤〉 외에도 약 10편 이상의 발레를 작곡했습니다. 그렇다면 아돌프 아당, 그는 어떤 사람이었을까요?

창의적 성향의 취미 음악인 아당은 1803년 프랑스 파리에서 태어났습니다. 그의 아버지는 피아니스트이자 파리 음악원의 교수였어요. 어쩌면 음악적 배경으론 이미 금수저였죠. 하지만 아당의 아버지는 애초에 아들이 자신과 같은 음악가의 길을 가는 것을 반대했답니다. 훗날 아당도 결국 아버지의 뒤를 이어 파리 음악원의 교수가 됐지만 말이에요.

아당은 취미로만 음악을 배우겠다고 아버지께 약속하고 파리 음악원 입학 허락을 받았습니다. 하지만 그 학교는 실력가들이 입학하는 명문 학교였습니다. 취미로 공부한다는 말이 무색했죠. 파리 음악원에서는 오르간과 하모늄(오늘날의 풍금)을 배웠으나 정작 음악원의 오케스트라에서는 팀파니와 트라이앵글 주자로 활동하는 등 조금은 개성 넘치는 학생이었어요. 그리고 그의 작곡 활동에 많은 영향을 준 친구가 있었습니다. 바로 발레〈고집쟁이 딸〉의 작곡가인 페르디낭 에롤드(Ferdinand Hérold)였습니다. 아당은 에롤드에게 비밀리에 작곡을 배웠어요. 에롤드는 '프랑스의 모차르트'라 불릴 정도로 피아노 연주와 작곡에 탁월한 친구였죠.

아당은 어려서부터 음악을 진지하게 대하기보다 창의적으로 접근하기를 좋아했습니다. 특히 기분에 따라 즉흥 연주를 즐겼습니다. 음악을 놀이로만 즐기길 원했던 아버지의 교육관이 오히려 그에게 더 강점으로 작용했던 것이죠. 그의 자유로운 성향은 상상력을 주특기로 발레 음악을 만들어내는 데 적격이었습니다. 이런 작곡 성향이 결국 〈지젤〉에서 정점을 찍게 됩니다. 아당은 3주 동안 밤을 새어가며 빠른 속도로 작곡을 완성했습니다. 물론 그 과정을 매우 즐기고 재미있어 하면서 말이죠.

들리브와 차이콥스키로 이어지는 계보의 시작

유럽 발레의 중심지었던 파리를 무대로 낭만 발레가 꽃피우던 시기, 그의 대표작 〈지젤〉은 낭만 발레를 대표하는 흥행작이기도 했고 음악적으로도 매우 호평을 받았습니다. 훗날 이 계보는 아당의 제자였던 들리브에게로 이어졌고 차이콥스키에 이르러 완성도 높은 발레 음악으로 예술성의 최고조를 찍게 됩니다. 차이콥스키는 〈지젤〉의 악보를 어렵게 구해 발레 음악을 공부하는 데 참고했을 만큼 아당의 발레 음악을 롤모델로 삼았답니다. 아당과 동시대에 활동했던 발레 음악가로는 푸니가 있습니다. 그의 발레 음악은 춤곡의 나열, 즉 메들리에 지나지 않아 극적 몰입도 면에서는 아쉬움이 있어요. 즉, 아당은 발레 음악 예술적 계보의 서막을 연 인물이랍니다.

간결한 아름다움, 로맨틱 튀튀와 닮다

〈지젤〉의 음악은 극적인 묘사와 서정적인 선율을 매우 조화롭게 사용해 각 캐릭터와 극의 몰입도를 높인 작품으로 평가받습니다. 1막과 2막의 극의 배경이 매우 대조적인 작품입니다. 1막에서는 사랑스러운 선율이 돋보이는 지젤을, 2막에서는 애절한 선율의 지젤을 그려냈어요. 단순함과 우아함을 지닌 가장 발레다운 멜로디 라인이죠. 마치 풍성하나 절제된 로맨틱 튀튀의 선과도 닮아 있습니다.

아당이 만든 발레 음악의 가장 큰 특징을 꼽자면 바로 이 '선율'이에요. 음악에서 선율은 여러 높이와 리듬으로 지속되는 음의 울림을 말해요. 또한 음계나 화성, 리듬의 영향도 포함됩니다. 아당의 선율은 특히 리듬의 영향을 많이 받은 것으로 보입니다. 선율의 잦은 반복은 단순하나 짜임새 있는 리듬을 만들어내죠. 이 선율의 리듬감은 무용수들에게는 더할 나위 없이 춤추기 좋은 음악이 됩니다.

그렇지만 안타깝게도 그에겐 혹평도 남아 있습니다. 음악사에서 가장 권위 있는 음악 사전인 《그로브 음악사전》에는 그의 음악이 "종종 사소하고 하찮으며 상스러운 포인트가 자주 나타난다"라고 기록했죠. 하지만 아당의 음악은 발레 음악으로서의 장점이 더 크다고 생각합니다. 저는 오히려 '간결한 아름다움'으로 그의 음악을 표현하고 싶어요. 춤을 추도록 만드는 간결한 아름다움이 내재해 있기에 오랜 세월 동안 우리의 가슴 속에 큰 감동을 안겨준 최고의 낭만 발레로 사랑을 받는 것이죠.

지젤과 알브레히트의 가장 유명한 빠드두 음악을 들어볼게요. 죽어서도 사랑했던 남자를 지켜주고자 하는 지젤의 애절하고도 슬픈 사랑, 미안함과 후회의 마음이 뒤섞인 알브레히트의 사랑이 첼로 선율에 녹아 있는 것 같습니다. 천상의 아름다움,

발레 블랑[1]의 고결함이 담겨 있는 음악이랍니다. 선율이 지닌 곡선을 따라 들어보세요.

〈지젤〉 2막 | 지젤과 알브레히트의 빠드두

발레 음악 OST의 창시자

영화나 드라마를 보면 특정 인물이나 특정 테마에서 같은 음악이 반복적으로 나오는 것을 들을 수 있습니다. 그래서 우리는 음악만 들어도 "아! 주인공 누구의 테마곡이구나!", "이 음악은 어느 장면에 나오는 음악인데!"라며 바로 알 수 있죠. 영화나 드라마에서 이렇게 사용된 음악을 OST(original sound track)라 합니다. 극의 캐릭터와 감정, 상황에 따라 반복적으로 같은 주제를 사용해 음악을 캐릭터와 극의 흐름을 이해하기 쉽게 암시, 상징, 통일하는 매개체로 씁니다. 이러한 작곡 기법을 클래식에서는 라이트모티프(leitmotiv)라고 해요. 최초로 이 작곡 기법을 사용한 작곡가는 바로 리하르트 바그너(Richard Wagner)입니다. 아당은 바그너의 영향을 받아 발레 최초로 자신의 작품에 라이트모티프를 도입했습니다.

1막의 지젤 왈츠는 지젤이 '춤추고 싶다'라고 표현할 때마다 반복적으로 등장해요. 마치 순수한 시골처녀 지젤을 상징하는 듯한 사랑스런 왈츠 음악입니다. 1막에서 지젤과 알브레히트

1 백색 발레(ballet blanc)

가 처음 만나 사랑에 빠져 춤추는 빠드두 음악은 지젤의 매드신(mad scene)에서 사랑을 회상하며 한 번, 지젤이 미르타에게 애원하는 장면에서 한 번, 또 2막 지젤과 알브레히트의 빠드두에서 한 번 등 반복적으로 나옵니다. 두 주인공의 러브 테마라 할 수 있는 곡이죠. 만약 〈지젤〉 OST가 나왔다면, '지젤의 테마', '지젤과 알브레히트의 러브 테마', '귀족 테마', '힐라리온 테마' 등으로 불리지 않았을까 싶어요.

 〈지젤〉 1막 | 지젤의 왈츠

지젤 바리에이션, 아당의 작품이 아니라고?

〈지젤〉은 1841년 초연 후 다양한 버전으로 재안무되며 지금까지 이어져오고 있어요. 음악 또한 순서 변경, 새로운 곡의 삽입, 삭제 등의 편집 과정을 거쳐왔어요. 특히 프티파가 〈지젤〉을 약 세 번에 걸쳐 수정했는데, 이때마다 새로운 음악이 삽입됐거나 편집되는 부분이 있었답니다. 우리가 잘 알고 있는 유명한 1막 지젤의 솔로 바리에이션은 바로 리카르도 드리고(Riccardo Drigo)에 의해 새롭게 작곡돼 삽입된 음악이랍니다. 또한 패전트 빠드두는 프리드리히 부르크뮐러(Johann Friedrich Franz Burgmüller)에 의해 작곡돼 새롭게 삽입됐고요. 가장 유명한 솔로 바리에이션이 그의 음악이 아니라는 것은 조금 아쉬움이 남네요.

 지젤 바리에이션 | 드리고 작곡

아당의 이름을 잃은 〈해적〉

사실 아당의 발레 음악은 〈지젤〉로만 기억되고 있어요. 또 다른 대표작으로 〈해적〉이 있으나, 여기에서는 아당의 음악이 그다지 빛을 발하지 못했답니다. 이후에 수많은 수정을 걸친 재안무 작품이 만들어지면서 역대급으로 많은 작곡가들이 이 작품에 참여했어요. 1856년에 안무가 조셉 마질리어(Joseph Mazilier)와 아당의 초연 후, 프티파에 의해 약 네 번의 수정이 있었고, 그때마다 새 작곡가의 음악이 계속해서 삽입됐습니다. 아당은 파리의 초연작 작곡가의 이름으로 남아 있을 뿐, 〈해적〉 속 대표곡들은 안타깝게도 대부분 다른 작곡가들의 음악이에요.

1863년에 프티파가 만든 첫 번째 재안무 작품에는 '오달리스크 빠드트로와'에 푸니 곡이 삽입됐습니다. 그리고 올덴버그(Duke Peter Oldenbourg)의 곡인 노예의 춤(pas d'esclave)이 1막 랑켄뎀과 귈나라의 빠드두 음악으로 삽입돼 현재까지도 주요 장면으로 꼽히고 있습니다.

두 번째 재안무 작품이 만들어진 1867년에는 아당의 제자였던 들리브가 작곡한 왈츠 음악인 '나일라 왈츠'(Naila Waltz)가 꽃의 춤(pas des fleurs)으로 추가 삽입됐어요. 또 1868년에는 다시 푸니와 밍쿠스의 새로운 음악이 추가됐고, 1899년에 만든 프티파의 마지막 재안무 작품에는 현재 가장 많은 사랑을 받고 있는 '그랑 빠드두'가 드리고의 작곡으로 삽입됐답니다. 여기까지가 프티파의 것이고, 프티파 이외에도 현재까지 많은 안무가들의 작품이 존재합니다. 가장 대표적인 2007년 볼쇼이 발레단의 경우, 알버트 자벨(Albert Zabel), 율리우스 세버(Julius Cerber)라는 두 명의 작곡가의 음악이 더 추가돼 구성됐습니다.

   자신의 작품에 다른 작곡가들의 음악이 거듭 추가된다는 것은 작곡가로서 매우 자존심 상하는 일이죠. 하지만 그래도 아당이 만들어놓은 음악적 뼈대는 무시할 수 없어요. 역시나 그의 라이트모티프는 〈해적〉에서도 구석구석 존재해 그나마 극의 통일감을 유지할 수 있는 하나의 장치가 됐습니다. 가장 발레다운 음악으로 초석을 다져놓았기에 여러 작곡가들의 음악이 삽입돼도 160여 년이 지난 오늘날까지도 많은 발레 애호가들에게 사랑받는 작품이 될 수 있었습니다.

course 2

역대 최다작의 발레 전문 작곡가,
푸니

#빠드꺄트르 #라 비반디에르 #라 에스메랄다
#파라오의 딸 #베니스의 카니발 빠드두

Cesare Pugni
1802~1870

＊

낭만 발레가 꽃을 피운 19세기 유럽, 약 100편 이상의
발레 음악을 만들어낸 이탈리아 작곡가 푸니가 있었습니다.
오직 발레 음악의 외길만 걸어간 그의 발자취를 살펴보죠.

1세대 전문 발레 음악 작곡가 발레가 본격적으로 대중의 인기를 얻기 시작한 때는 19세기였습니다. 그 이전의 발레는 대부분 오페라에 잠시 등장하는 것에 불과했어요. 발레보다는 오페라가 더 유행하던 시기였죠. 첫 전막 발레로는 1789년 프랑스에서 초연된 〈고집쟁이 딸〉 정도만 남아 있습니다. 하지만 초연 당시 〈고집쟁이 딸〉의 음악은 당시 유행하던 유행가나 민요로 구성한 것에 불과했습니다. 현재 공연되고 있는 버전은 훗날 에롤드와 조아키노 로시니(Gioacchino Antonio Rossini), 가에타노 도니제티(Gaetano Donizetti) 등의 음악으로 재구성된 것이랍니다.

1827년 파리 오페라의 발레리나 마리 탈리오니(Marie Taglioni)의 등장으로 발레계의 새 시대가 열렸습니다. 그녀의 우아하고 가벼운 스타일의 춤과 포인트 슈즈를 신고 추는 테크닉, 이 세상 사람이 아닌 것 같은 환상적인 발레리나의 이미지는 관객들의 눈을 사로잡았죠. 드디어 발레가 대중에게 주목받기 시작합니

다. 소위 '탈리오니 스타일'로 정의되는 낭만 발레는 〈라 실피드〉를 시작으로 〈지젤〉에 이르러 완전히 꽃을 피우게 됐어요. 그 뒤를 이어 〈빠드꺄트르〉, 〈라 비반디에르〉 같은 발레 작품이 흥행하게 되는데, 그 중심에는 작곡가 푸니가 있었습니다. 그는 낭만 발레에서 고전 발레에 이르기까지 약 100편이 넘는 발레 음악을 만들어내며 오로지 발레 음악의 길만 걸었죠. 발레 작곡가로서의 외길을 걸어오며 수많은 작품을 남겼습니다. 발레 음악 전문 작곡가의 새 길을 구축한 진정한 '1세대 발레 음악 작곡가'라고 할 수 있어요.

역대급 다작의 발레 음악   현재에도 무대에 올려지고 있는 푸니의 대표작은 〈라 에스메랄다〉, 〈라 비반디에르〉, 〈빠드꺄트르〉, 〈파라오의 딸〉 등이 있습니다. 그 외에 〈사타넬라〉 중 '베니스의 카니발 빠드두', 〈해적〉 중 '오달리스크 빠드트로와'는 원곡자의 작품에 푸니가 작곡한 곡을 새롭게 삽입한 음악들이죠.

푸니는 이탈리아 라 스칼라 극장(La Scala Theatre)에서 활동하며 10편의 작품을, 영국 런던의 여왕 폐하 극장(Her Majesty's Theatre)에서 활동하며 34편, 프랑스 파리 오페라 발레(Opéra national de Paris)에서 6편, 그 외 유럽의 여러 극장에서 6편, 러시아로 넘어가 임페리얼 볼쇼이 카메니 극장(Imperial Bolshoi Kamenny Theatre)에서 43편, 러시아의 다른 여러 극장에서 5편의 작품을 남겼습니다. 총 104편의 발레 음악을 만들어낸 역대 최다 발레 음악 작곡가입니다. 그의 작품들의 작곡 연대를 살펴보면 한 해

평균 한두 작품, 많게는 한 해에 7편의 작품을 작곡할 정도로 발레에 몰두한 흔적이 남아 있습니다. 성실성과 열정에 놀라지 않을 수 없어요.

베스트 파트너 쥘 페로

푸니가 가장 많이 협업한 안무가는 바로 쥘 페로(Jules Perrot)였습니다. 총 30여 편의 발레를 그와 함께 만들었어요. 둘의 인연은 런던의 여왕 폐하 극장 시절부터 시작됩니다. 푸니는 1843년 〈오로라〉(L'Aurore)라는 작품을 시작으로 1848년까지 6년간 21편의 발레 작품을 페로와 함께 작업했습니다. 이 시기에 거의 모든 작품을 페로와 함께하며 〈라 에스메랄다〉, 〈라 비반디에르〉, 〈빠드꺄트르〉 등을 만들었습니다.

1850년대 이후 점차 발레의 중심이 유럽에서 러시아로 이동하게 됩니다. 이 과정에서 유럽의 뛰어난 무용수들이 러시아로 많이 건너가게 되죠. 페로도 러시아 상트페테르부르크의 임페리얼 극장의 발레 마스터로 고용돼 러시아로 떠나게 됩니다. 푸니도 과감히 그를 따라 러시아로 건너가게 되죠. 안무가를 따라 활동 무대를 옮기는 것은 분명 쉬운 결정이 아니었을 겁니다. 그동안 함께 쌓아온 많은 작품들이 말해주듯 둘은 좋은 파트너십을 가지고 같은 꿈을 꾸었을 것이라 짐작합니다. 페로와 푸니는 러시아에서도 여러 신작과 기존 작품들의 수정판 작업을 함께 합니다. 발레의 무대가 유럽에서 러시아로 넘어가는 과도기에 그들의 우정이 빛을 발했던 것이죠.

페로는 임페리얼 극장에서 8년 동안 활동하다가 보다 더 여유로운 삶을 위해 다시 파리로 돌아가게 됩니다. 하지만 푸니는 러시아에 계속 남아 페로의 후임자였던 생 레옹(Arthur Saint-Léon), 프티파와 함께 1870년까지 임페리얼 극장의 전속 작곡가로 활동하게 됩니다. 1854년 〈파우스트〉라는 작품이 그들의 마지막 작품이었어요. 이처럼 푸니는 유럽에서 낭만 발레가 꽃피던 시기를 지나 러시아에서 고전 발레가 시작되는 과도기를 경험한 작곡가입니다. 그래서 그의 작품들을 보면 당시의 시대적 흐름을 반영하고 있습니다.

낭만 발레 음악의 정수   그렇다면 그의 음악에는 어떤 특징이 있을까요? 가볍고 우아하게, 단정하고 고상하게, 연약하나 민첩하게, 마치 이 세상 사람이 아닌 듯한 환상 속 존재처럼, 포인트 슈즈 테크닉의 예술적인 표현으로… 이것이 낭만 발레가 실현하고자 하는 것이었습니다.

푸니의 대표작인 〈빠드꺄트르〉에는 이러한 낭만 발레의 특징이 고스란히 드러납니다. 이 작품은 약 15분 정도 길이의 짧은 소품이에요. 줄거리가 없는 디베르티스망 형식의 작품입니다. 제목인 '빠드꺄트르'는 4인무라는 뜻으로, 네 명의 무용수가 경쟁이라도 하듯 각자의 아름다움을 뽐내며 조화를 이루죠. '아다지오' 동작에는 깨끗하고 우아한 선율이 담겨 있고, '쁘띠 알레그로' 동작에는 민첩하나 흔들림 없는 점프의 리듬이, '그랑 알레그로'의 동작에는 높고 가벼운 움직임의 왈츠가 등장하죠. 각 바리에이션의 후반부마다 테크닉을 과시하기 위한 피우 모쏘(Più mosso)¹ 템포로의 전환은 훗날 클래식 발레의 솔로 바리에이션 구성의 모태가 됩니다.

〈라 비반디에르〉도 마찬가지예요. 본래는 단막 발레였으나 현존하는 것은 '빠드시스'의 짧은 소품으로 현재도 종종 무대에 올려지곤 합니다. 단순한 선율, 경쾌하고 리드미컬한 짧은 춤곡들의 모음입니다.

이 두 작품은 피아노 레퍼토리로 치면 체르니 연습곡, 혹은 소나티네의 느낌을 줍니다. 훈련을 위한 단조로운 교본과도 같죠. 그래서 주로 발레를 전공하는 학생들의 작은 무대를 위한 레퍼토리이기도 해요. 이 작품에서 푸니의 음악은 철저히 발레를 뒷받침해줍니다. 음악이 발레보다 더 화려하거나 나서지 않아요. 그저 발레에 맞춤옷을 입힌 듯 철저한 춤 반주의 기능을 수행합니다. 다양한 리듬과 템포의 변화를 꾀하며 발레의 테크닉이 더욱 돋보일 수 있게 하죠. 또한 장조의 밝고 우아한 선율, 안정적인 구조, 단순한 화성 진행 등이 푸니가 쓴 발레 음악의 특징입니다.

 〈빠드꺄트르〉

1 좀 더 빠르게 연주하라는 템포 지시어

푸니의 전막 발레

100편이 넘는 발레 작품들 중에는 〈빠드꺄트르〉와 〈라 비반디에르〉 같은 짧은 단막 발레 외에도 수많은 전막 발레 작품이 있어요. 하지만 그 많은 작품 중에 현존해 무대에 올려지는 작품은 겨우 두 작품뿐이랍니다. 바로 〈라 에스메랄다〉와 〈파라오의 딸〉이에요. 사실 이 두 작품은 작품성을 인정받으며 자주 무대에 올려지는 명작은 아니랍니다. 우리나라에서도 아직 전막이 공연된 적이 없어요.

〈라 에스메랄다〉는 전막보다 '에스메랄다 빠드두'가 유명합니다. 특히 그중 에스메랄다의 '탬버린 바리에이션'은 여자 무용수라면 꼭 한 번 도전해보는 춤이죠! 콩쿠르의 단골 레퍼토리이기도 합니다. 집시여인 에스메랄다의 매력적인 캐릭터가 춤과 음악에 모두 녹아 있어요. 또한 갈라 공연에서 빠질 수 없는 레퍼토리 중 하나인 '다이애나와 악테온의 빠드두'가 바로 이 작품에 등장한답니다.

하지만 모두 푸니의 음악이 아니라는 사실. 모두 재안무되면서 추가된 음악이에요. 에스메랄다의 탬버린 바리에이션은 이탈리아 작곡가 로무알도 마렌코(Romualdo Marenco)의 발레 작품 음악을 차용했고, '에스메랄다 빠드두'의 아다지오 부분과 '다이애나와 악테온의 빠드두' 음악은 드리고의 음악입니다. 모두 수정판을 거치며 추가됐어요. 아쉽게도 〈라 에스메랄다〉 속에 정작 푸니의 음악으로 기억되는 선율은 없습니다.

〈파라오의 딸〉은 초연 이후 백 년이 넘게 묻혀 있던 작품입니다. 2000년에 안무가 피에르 라코트(Pierre Lacotte)가 프티파의 기록들을 찾아내면서 볼쇼이 발레단에 의해 약 130년 만에 부활하게 됐답니다. 현재는 볼쇼이 발레단의 레퍼토리가 됐습니다.

전막 발레는 춤 이외에도 팬터마임, 배경이나 상황을 나타내는 장면들로 구성돼 있습니다. 이때의 음악은 극의 분위기를 끌고 가는 음악적 흐름이 관건이죠. 푸니의 이 두 전막 발레의 음악은 극의 전체를 이끄는 힘이 부족해서 몰입도가 떨어지는 면이 있습니다. 극적인 표현을 하기엔 음악이 매우 단순한 편이죠. 귀를 사로잡는 매력적인 화성이 들리지 않을뿐더러, 오케스트레이션이 입체적이지도 않답니다. 하지만 가장 춤곡다운 특징이에요. 오로지 리듬과 선율에 충실하죠.

푸니의 음악은 극적인 표현력은 다소 부족하지만, 다양한 동작을 끌어내는 리듬의 변화, 듣기 쉬운 선율이 돋보입니다. 무용수가 오로지 움직임에 집중할 수 있는 음악이죠. 특히 푸니는 같은 곡 안에서 리듬과 템포 변화를 빈번하게 사용했어요. 특히 솔로 바리에이션들은 대부분 후반부 8~16마디에서 빠른 템포로 전환돼 고난도 삐루에뜨 테크닉이나 빠른 발동작의 테크닉을 동반하죠. 이러한 변박과 템포의 변화는 음악적으로는 흐름이 부자연스럽게 느껴질지 몰라도 다양한 동작을 수행할 수 있게 해줍니다.

푸니와 파가니니의 〈베니스의 카니발〉

푸니에게도 대표적인 빠드두가 하나 있습니다. 바로 '사타넬라 빠드두', 혹은 '베니스의 카니발 빠드두'라 불리는 작품입니다. 오늘날 주요 클래식 발레 레퍼토리 중 하나로 콩쿠르와 갈라 공연에 많이 등장하죠.

푸니는 러시아 임페리얼 극장에서 프티파와도 많은 작품을 남겼어요. 1857년, 프티파는 당시 프리마 발레리나였던 아말리아 페라리스(Amalia Ferraris)를 위해 빠드두를 안무했어요. 이때 푸니가 작곡을 맡았습니다. 이 음악은 악마의 바이올리니스트라 불리던 니콜로 파가니니(Nicolò Paganini)의 음악을 모티브로 작곡한 음악이었습니다. 바로 〈베니스의 카니발〉이라는 바이올린 곡이었죠. 그래서 이 빠드두는 '베니스의 카니발 빠드두'라 불리게 됐습니다. 원곡에서 비롯된 명칭이었지요. 훗날 프티파가 〈사타넬라〉라는 3막 7장의 전막 발레 작품을 재안무하며 이 빠드두를 삽입했습니다. 그래서 '사타넬라 빠드두'라고 불리게 됐습니다.

이 작품은 바이올린의 세련되고 섬세한 선율이 특징입니다. 경쾌한 인트로가 끝나면 솔로 바이올린의 화려하면서도 강렬한 선율이 왈츠의 리듬을 탑니다. 여자 바리에이션도 바이올린 솔로의 유려한 꾸밈음이 돋보이는 음악이죠. 원곡인 파가니니의 〈베니스 카니발〉은 바리에이션의 형태를 띠고 있어요. 음악에서의 바리에이션이란 한 주제의 다양한 '변주'를 뜻합니다. 하나의 주제를 가지고 엄청난 기교를 수반한 다양한 변주를 하죠. 푸니도 이 빠드두에 변주 기법을 사용했어요. 〈베니스의 카니발〉의 메인 주제가 빠드두 아다지오, 여자 바리에이션, 코다에 걸쳐 등장하며 다양한 변주를 합니다.

파가니니의 음악을 발레곡으로 편곡한 푸니의 아이디어에 박수를 보내고 싶네요. 클래식 곡을 발레와 결합해 이처럼 멋진 작품을 만들어냈으니까요. 원곡인 파가니니의 〈베니스의 카니발〉과 푸니의 '베니스의 카니발 빠드두' 음악을 비교하며 들어볼까요? 푸니의 아이디어와 편곡 능력에 귀 기울여주세요. 클래식 음악이 발레를 만났을 때 같은 멜로디여도 이렇게 다른 매력이 발현된다는 걸 확인해보세요.

 파가니니의 〈베니스 카니발, Op.10〉

푸니의 '베니스의 카니발 빠드두'

그의 발레 음악은 춤의 반주 기능에서 벗어나지 못한다는 평가를 받고 있으나, 평생을 발레 음악에만 전념하며 발레 음악의 초석을 다져놓았다는 점에서 그의 업적은 높이 사야 합니다. 그의 발레 음악을 토대로 다양한 클래식 발레 테크닉이 발전할 수 있었고 발레의 동작이 더 돋보일 수 있도록 철저한 뒷받침이 돼주었으니까요. 낭만 발레 음악의 아버지와 같은 존재, 푸니였습니다.

course 3

아이디어 커넥터,
들리브

#코펠리아 #실비아

Léo Delibes
1836~1891

＊

들리브의 음악에는 반짝이는 아이디어가 담겨 있고,
그것은 발레 음악의 새로운 시도로 이어졌죠.
음악과 발레를 잇는 '들리브 브리지'를 소개합니다.

아당을 잇는 계보

"내가 들리브의 〈실비아〉를 들어봤는데 말이야, 얼마나 매력적이고 우아한지, 선율과 리듬, 화성 모두 풍부해. 내가 만약 이 음악을 이전에 알았더라면 〈백조의 호수〉를 쓰지 않았을걸세. 너무 부끄럽게 느껴지거든…"

차이콥스키는 그의 후배였던 세르게이 타네예프(Sergei Taneyev)에게 이와 같은 글을 썼다고 합니다. 들리브가 작곡한 발레 음악에 대한 존경과 감탄이 묻어나는 글이죠.

들리브는 아당의 계보를 잇는 프랑스 최고의 발레 작곡가입니다. 파리 음악원에서 스승이었던 아당에게 작곡을 배웠어요. 주로 오페라 작곡가로 활동한 그에겐 순수 기악곡과 성악곡을 넘나드는 다양한 음악적 아이디어들이 있었죠. 이 빛나는 아이디어들을 발레에 접목시켜 발레 음악을 보다 예술적인 경지로 끌어올렸습니다. 관현악곡으로서의 〈발레 모음곡〉을 탄생시켰고, 음악 형식을 발레로 도입했죠. 이전 형식보다 폭 넓은 라이트모티프의 사용으로 풍부한 극을 만들어내고, 캐릭터 댄스의 효시가 되는 민속 무곡을 사용하는 아이디어를 담았습니다. 그의 이러한 창의력 뒤엔 어떤 배경이 있었을까요?

오페라로 노래하다

어린 시절부터 노래를 잘 불렀던 들리브는 교회 성가대에서 소년 가수로 활동하며 파리 오페라에서 공연되는 오페라에도 종종 출연하곤 했습니다. 또한 교회의 오르가니스트이자 리릭 극장의 반주자로도 활동하며 극장에서 공연하는 여러 오페라의 준비 작업에 참여하기도 했어요. 이러한 이유 때문일까요? 그에게 음악은 '노래'였습니다. 노래를 통해 본격적으로 자신의 음악을 담아내기 시작해요. 특히 들리브가 관심과 열정을 쏟았던 장르는 바로 '오페라'였습니다. 19세에 첫 오페라를 작곡했죠. 바로 〈두 푼어치 석탄〉(Deux sous de charbon)[1]이라는 단막의 희극 오페라였습니다.

이후 들리브는 계속해서 꾸준한 오페라 작업으로 약 20편의 오페라를 썼습니다. 그리고 발레 음악 작곡을 시작하고 나서도 발레에 머무르지 않고 계속해서 오페라에 집중하며 살았어요. 그중 대표작인 〈라크메〉가 오늘날까지도 공연되는 주요 오페라로 남아 있죠. 이 작품은 이국적이고도 서정적인 음악의 오페라입니다. 가장 높은 음역을 내는 '콜로라투라 소프라노'라면 누구나 한 번쯤 도전해보고 싶은 오페라이기도 하죠. 이 오페라 속

---

[1] Sous는 프랑스어로 5상팀(centime)을 뜻하는 단위다. deux sous는 5상팀짜리 동전 두 개를 뜻한다. 10상팀, 즉 '0.1유로어치의 석탄'이라는 뜻으로 아주 적은 양의 석탄을 가리킨다. 국내에서는 〈이수의 석탄〉이라고 번역된 적이 있다.

에는 너무나 유명한 듀엣 곡이 있어요. 바로 '꽃의 이중창'이라고 불리는 아리아예요. 소프라노와 메조 소프라노가 물 흐르듯 아름다운 멜로디를 함께 노래하죠. 이 곡에서 느껴지는 멜로디의 유연함은 그의 발레 음악에서도 자주 나타난답니다. 들리브는 그 외에도 합창곡, 가곡, 종교 음악 등 성악 장르에 관심을 갖고 수많은 작품을 남겼습니다.

발레로 노래하다   노래로 시작한 들리브의 음악은 발레로도 이어졌습니다. 1865년 파리 오페라 합창단의 부지휘자이자 반주자로 활동하게 됐어요. 낭만 발레의 중심이었던 파리 오페라에서의 활동은 들리브에게 발레 음악 작곡가로서의 새로운 세계를 열어준 발판이 됩니다. 1866년 들리브에게 처음으로 발레 작곡 의뢰가 들어옵니다. 당시 발레 음악 작곡가로 맹활약하던 밍쿠스와의 공동 작업이었어요. 바로 〈라 수스〉(La Source)라는 작품입니다. 당시 파리 오페라 발레의 안무가였던 생 레옹이 안무를 맡았어요. 총 3막으로 구성된 이 작품을 밍쿠스가 1막과 3막 2장을, 들리브가 2막과 3막 1장을 나누어 작곡했습니다. 발레 작품을 이렇게 두 작곡가가 반씩 나누어 작곡을 한 경우는 처음이었어요.

당시 비평가들은 두 작곡가의 음악을 비교하면서 들리브의 음악을 더 신선하고 리듬감 있는 음악으로 평가했습니다. 이 작품의 주요 작곡가를 들리브로 표기할 정도로 말이죠. 발레 음악가로서의 첫 데뷔는 그야말로 성공이었습니다. 이 작품 안에 '나일라 왈츠'라고 불리는 왈츠곡은 훗날 아당의 〈해적〉에 삽입돼 현재도 공연되고 있답니다. 들리브의 장점인 밝고 화사한 선율이 돋보이는 음악이에요. 꽃을 들고 춤추는 어여쁜 소녀 발레리나를 닮은 곡이죠. 함께 감상해볼까요?

〈라 수스〉 중 '나일라 왈츠'

낭만 발레 vs 고전 발레   들리브의 대표작인 〈코펠리아〉는 낭만 발레가 침체되기 시작한 19세기 중후반에 만들어진 발레입니다. 1870년 파리 오페라에서 초연됐죠. 이후 러시아에서는 프티파의 영향 아래 1860년경 고전 발레 시대가 시작됐기 때문에 이 〈코펠리아〉를 프랑스 낭만 발레 전성기를 마무리 짓는 마지막 낭만 발레 작품으로 봅니다.

아, 여기서 잠깐! 음악사에서 말하는 '고전주의'(classicism)와 '낭만주의'(romanticism)의 시기가 무용사에서는 조금 다르답니다. 음악사에서 고전주의는 유럽을 중심으로 1750년에서 1810년까지 유행한 고전적 형식의 음악을, 낭만주의는 1800년대 전반에 걸쳐 나타난 낭만적 사조의 음악을 말합니다. 반면에 발레에서 낭만 발레는 유럽을 중심으로 1800년대 초를 시작으로 들리브의 〈코펠리아〉가 초연된 1870년까지의 발레를 말하고, 이후 러시아를 중심으로 발전한 19세기 말까지를 고전 발레로 봅니다.

'고전'(classic)이라는 단어는 이중적 의미를 갖습니다. '고전 발레', 혹은 '클래식 발레'라는 말은 시기 개념을 넘어 19세기에 확립된 고전적 형식을 띠는 발레를 통틀어 지칭하는 말이기도 해요. '모던 발레'와 대치되는 스타일의 개념이죠. 마치 '클래식 음악'의 이중적 의미와도 같아요.

〈코펠리아〉는 음악이나 춤의 스타일이나 작품의 주제, 한층 세련되고 풍부한 표현 등을 고려할 때 고전 발레에 가깝게 느껴져요. 그래서 저는 이 작품을 고전 발레의 문을 연 작품이라고 말하고 싶네요.

음악의 형식을 발레에 도입하다

〈코펠리아〉는 괴짜 코펠리우스 박사가 만든 코펠리아 인형을 둘러싼 두 연인 스와닐다와 프란츠의 유쾌한 에피소드를 다룬 희극 발레입니다. 인형의 움직임을 연기하는 발레리나와 각 나라의 민속 음악이 돋보이는 작품이죠.

들리브는 아당의 영향을 받아 라이트모티프 기법을 사용했습니다. 특히 다양한 작곡 기법을 사용한 인물의 묘사가 돋보이죠. 예를 들어, 스와닐다의 등장에는 밝고 우아한 왈츠가 쓰이고, 코펠리우스 박사가 등장하는 음악은 대위법[2]을 사용해 조금 딱딱한 느낌을 표현했습니다. 또 스와닐다가 연기하는 코펠리아 인형의 등장에는 카논[3] 기법을 사용했어요. 마치 인형의 태엽을 표현하는 것 같은 반복적인 리듬이 인상적이고, 피콜로와 글로

---

2   둘 이상의 멜로디를 동시에 결합해 작곡하는 기법
3   모방에 의한 대위법 형식이다. 하나의 선율이 노래하면 그 선율을 모방한 다른 선율이 등장해 마치 돌림 노래 같은 형식을 띤다.

켄슈필 등의 악기를 사용해 곡의 분위기를 효과적으로 살린 매우 재미있는 음악입니다. 전체적으로 밝고 세련된 화성과 춤추듯 움직이는 선율이 돋보여요. 또 곳곳에 동화를 연상시키는 예쁘고 아기자기한 음악이 넘쳐납니다. 현악기군의 깨끗한 사운드가 도드라지고 움직이는 것을 묘사한 부점 리듬이 자주 사용돼 춤뿐만 아니라 팬터마임과도 완벽한 조화를 이루는 음악입니다.

들리브는 음악의 형식을 각 신에 도입하는 아이디어로 이 작품을 구성했습니다. 예를 들어, 1막의 보리 이삭을 든 스와닐다와 프란츠의 빠드두는 '발라드(ballade)[4] 형식'으로 쓰였고, 솔로와 군무는 '변주곡'으로 쓰였답니다. 바로 제6곡 '에피의 발라드', 제7곡 '슬라브 테마의 변주곡'이에요. 제6곡은 마치 말하는 것 같기도 하고 노래하는 것 같기도 한 느낌의 곡입니다. 아름다운 바이올린 솔로는 노래하는 것처럼, 스와닐다와 프란츠는 말하는 것처럼 움직입니다. 또 하나의 주제로 다양하게 변주되는 변주곡 형태의 제7곡에 맞추어 솔로와 군무가 이어집니다. 모두 같은 선율이지만 악기, 리듬, 템포의 변주로 통일감과 변화감을 모두 안겨주죠. 발라드와 변주곡 같은 음악 형식을 발레에 도입한 것은 들리브만의 반짝이는 아이디어였어요. 덕분에 발레 음악의 수준이 한층 더 높아졌습니다.

사랑스러운 스와닐다를 만나볼까요? 한 번쯤은 들어봤을 법한 귀에 익은 예쁜 선율이 등장합니다. 〈코펠리아〉를 대표하는 주제곡이기도 하죠.

---

4 서정적이고 시적인 음악 형식

 〈코펠리아〉 1막 | 스와닐다 왈츠

〈코펠리아〉 속 민속 무곡

이 작품에는 다양한 리듬의 민속 무곡(舞曲)이 등장합니다. 차르다시, 슬라브 무곡, 볼레로, 지그, 마주르카 등이 쓰였어요. 민속 무곡이란 각 나라, 각 지방의 전통 춤에서 유래된 음악을 말해요. 예를 들면, 폴란드의 폴로네이즈(보통 빠르기의 3/4박자), 독일의 왈츠(보통 빠르기의 3/4박자, 1박에 강세), 영국의 지그(빠른 템포의 6/8박자, 12/8박자), 폴란드의 마주르카(강박에 부점 리듬을 갖는 3/4박자), 헝가리의 차르다시(2/4박자의 싱코페이션 리듬), 스페인의 볼레로(세분화된 리듬의 3/4박자), 체코의 폴카(빠른 2/4박자, 4/4박자), 이탈리아 나폴리의 타란텔라(빠른 6/8박자, 3/8박자), 스페인의 하바네라(특정 리듬의 2/4박자) 등이 있습니다.

〈코펠리아〉에는 1막에 마주르카와 왈츠, 슬라브 무곡, 차르다시 음악이, 2막에 볼레로, 지그 음악이 쓰였어요. 폴란드의 '갈리치아'라는 지방을 배경으로 삼아 이국적인 분위기의 새로운 세계로 안내합니다. 특히 폴란드 민속 무곡인 '마주르카'는 이 작품을 대표하는 곡이기도 하죠. 이 곡은 클래식 연주곡으로도 많은 사랑을 받고 있는 유명한 레퍼토리가 됐습니다. 발레에 민속 무곡을 도입한 것은 들리브가 처음이었습니다. 훗날 고전 발레에 필수적으로 등장하는 '캐릭터 댄스'의 시초가 되는 작품이라고 할 수 있지요. 그의 빛나는 음악적 아이디어가 발레로 들어와 발레의 가능성을 높여 놓았답니다.

 〈코펠리아〉 1막 | 마주르카

차이콥스키의 극찬을 받은 〈실비아〉

〈실비아〉는 그리스의 신화를 바탕으로 만든 발레 작품입니다. 요정 실비아와 인간인 목동 아민타의 사랑 이야기를 담고 있습니다. 초연은 그다지 성공적이지 않았답니다. 하지만 이 작품의 음악만큼은 호평이 이어졌어요. 심지어 음악적으로는 〈코펠리아〉보다 뛰어나다는 평가를 받기도 했죠. 차이콥스키는 이 작품을 "음악이 메인일 뿐만 아니라 음악이 더 부각되는 발레"라고 말했습니다. 그동안 발레에 가려졌던 음악이 '발레 음악'이라는 존재로 새롭게 조명되는 작품이었던 것이죠. 앞에서 언급했듯이 차이콥스키는 이 작품을 보고 자신의 작품을 부끄럽게 여길 정도로 〈실비아〉 음악에 감탄을 했답니다. 그렇다면 차이콥스키가 인정한 〈실비아〉 음악의 특징은 무엇이었을까요?

〈실비아〉는 신화를 바탕으로 만든 발레답게 전체적으로 신비스럽고 몽환적인 음악이 주를 이룹니다. 특히 서정적인 선율이 매우 인상적입니다. 목가적인 느낌을 표현하는 목관악기인 플루트와 클라리넷의 소리를 자주 들을 수 있어요. 따뜻하고 평온한 음색을 지닌 악기죠. 플루트는 목동인 주인공 아민타를 상징하기도 합니다. 또한 클래식 음악에서는 잘 사용하지 않는 알토 색소폰을 3막 '당스 바르카롤(danse barcarolle)[5]'에서 사용하기도 했어요. 그 덕분에 새로운 음색의 묘한 분위기를 만들어내죠.

〈실비아〉도 〈코펠리아〉와 마찬가지로 각 신들에 음악적인 형식을 도입했습니다. 더욱 새롭고 다양해졌어요. 예를 들면, 스케르초(scherzo)[6], 인테르메쪼(intermezzo)[7], 파스토랄레(pastorale)[8]가 쓰였어요. 또한 3막의 유명한 실비아 바리에이션인 피치카토(pizzicato)는 현을 손가락으로 튕기며 연주하는 주법을 의미해요. 연주 주법이 곧 춤의 제목이 된 셈이죠.

〈실비아〉의 음악은 이전의 발레 음악 스타일인 단순한 선율과 반주, 형식화된 구성과 예측 가능한 화성 등을 뛰어넘는 교향악에 가까운 음악이에요. 각 장면들의 음악은 마치 이야기가 있는 한 편의 교향시와도 같습니다. 새로운 화성의 사용이 돋보이고 음악의 흐름과 표현이 매우 자유로워졌습니다. 특히 〈코펠리아〉보다 더 광범위한 라이트모티프를 사용했어요. 인물의 감정이나 심리묘사가 아닌 한 편의 수채화를 감상하는 것 같은 분위기를 사용한 라이트모티프죠.

이 작품의 몇몇 음악들은 20세기 작곡가인 드뷔시나 라벨의 인상주의 음악을 연상하게 합니다. 드뷔시의 〈목신의 오후〉나 라벨의 〈다프니스와 클로에〉 같은 목가적인 발레 음악과 닮아 있

---

[5] 뱃사공이 부르는 뱃노래에서 유래한 기악곡 또는 성악곡. 보통빠르기의 6/8박자, 12/8박자의 음악
[6] 해학적인 성격의 곡으로 빠른 템포와 격렬한 리듬, 급격한 분위기 전환 등이 특징적인 기악곡
[7] 작품 도중에 삽입되는 간주곡. 주로 오페라의 막간에 쓰인 데서 유래한 짧은 소품 성격의 음악
[8] 목가적 형식의 전원곡. 시칠리아 목동들이 부르는 6/8박자, 12/8박자의 느린 리듬의 노래에서 유래

죠. 신비로운 화성과 자유로운 흐름이 그렇습니다. 그래서 〈실비아〉의 음악은 20세기 발레 음악의 선구적인 작품이라 해도 과언이 아니랍니다. 19세기와 20세기를 잇는 다리같은 역할을 하죠. 확실히 기존의 발레 음악보다 진보적인 발레 음악입니다. 차이콥스키의 귀를 사로잡은 것도 아마 이처럼 시대를 앞서간 음악적 표현 때문이었을 겁니다.

 〈실비아〉 1막 | 파스토랄레

발레 모음곡(ballet suite)의 탄생

들리브의 〈코펠리아〉와 〈실비아〉는 그 음악적 예술성을 인정받으며 연주용 레퍼토리로도 만들어졌습니다. 주요 장면의 음악을 재구성해 또 하나의 새로운 음악 작품을 만들었죠. 발레 음악을 클래식 음악 레퍼토리로 재탄생시킨 첫 번째 케이스입니다. 순수 기악곡의 무대용 음악으로서 손색이 없는 새로운 형태의 관현악 레퍼토리가 된 것이죠. 이는 발레 음악의 예술성을 인정하고 그 가치를 새롭게 평가하는 데 있어 의의가 있답니다. 훗날 이 모음곡 형식의 발레 음악은 차이콥스키와 스트라빈스키 등으로 이어져서 '발레 모음곡'이라는 하나의 새로운 장르로 자리매김하게 됩니다. 발레 음악을 음악적으로 해석해 연주하기 때문에 실제 발레 공연을 위해 연주되는 발레 음악과는 또 다른 매력을 선보입니다.

〈코펠리아 모음곡〉은 슬라브 민요와 변주곡, 축제의 무곡과 시간의 왈츠, 녹턴, 자동 인형의 음악과 왈츠, 차르다시의 총 다섯 곡으로 이루어져 있습니다. 〈실비아 모음곡〉은 전주곡과 사냥의 여신들, 간주곡과 느린 왈츠, 피치카토, 주신의 행렬의 총 네 곡으로 이루어져 있습니다. 마치 한 편의 교향곡과도 같은 발레 모음곡을 통해 발레 음악의 새로운 매력에 빠져보길 바랍니다.

〈실비아〉 발레 모음곡

들리브의 음악적 아이디어는 발레를 만나 새로움을 창출해냈습니다. 음악적 아이디어를 발레로 연결하는 역할을 한 들리브. 그가 가진 아이디어를 실현시키는 것은 이전의 관례를 타파하는 꽤 대담한 시도였습니다. 덕분에 발레와 발레 음악은 이렇게 또 한 번 도약을 했어요. 그리고 발레 음악의 계보는 그의 발레 음악을 그렇게나 존경했던 차이콥스키로 이어진답니다.

course 4

프티파의 옷을 입다,
밍쿠스

#돈키호테 #라 바야데르 #파키타

Ludwig Minkus
1826~1917

＊

안무가의 음악성과 음악가의 대중성이 만나
〈돈키호테〉, 〈라 바야데르〉 같은 대표적인 명작이 탄생했습니다.
이번에는 안무가와 작곡가의 음악 세계를 함께 살펴보도록 해요.

발레 음악, 어렵지 않아요 밍쿠스의 발레 음악은 발레 클래스에서 빠질 수 없는 단골 레퍼토리예요. 저 또한 밍쿠스의 음악을 다양하게 편곡해 연주하길 즐겨합니다. 경쾌한 리듬과 듣기 좋은 선율 때문이에요. 춤을 추는 무용수나 관객 모두 어렵지 않게 모두가 이해할 수 있는 대중성이 담겨 있죠. 음악의 대중성은 지금이나 당시에나 매우 중요한 요소였음이 분명합니다. 밍쿠스는 대중성을 무기로 귀에 쏙 들어오는 발레 음악을 많이 만들었습니다. 처음 들어도 어렵지 않은 음악의 3요소(리듬, 선율, 화성)가 발레를 보다 이해하기 쉽게 해줍니다.

콩쿠르 경연장에서 제일 많이 들을 수 있는 솔로 바리에이션의 음악은 대부분 밍쿠스의 곡이라고 해도 지나치지 않아요. 감자티 바리에이션, 파키타 바리에이션, 바실리오 바리에이션, 솔로르 바리에이션 등 발레 전공자들은 밍쿠스의 발레 음악을 교본 삼아 발레와 음악을 학습합니다. 앞서 살펴본 푸니의 발레 음악이 체르니 연습곡과 소나티네에 비유된다면, 밍쿠스의 발레 음악은 고전주의 음악의 표본이 되는 '소나타'와도 같다고 할 수 있어요. 한층 더 음악적이고 성숙하나 대중적이죠. 발레와 발레 음악이 어렵게 느껴졌다면 밍쿠스의 발레 음악을 제일 먼저 들어보기를 추천하고 싶어요. 정말 춤이 눈앞에 그려질 것입니다.

영재 바이올리니스트 밍쿠스 밍쿠스는 오스트리아 비엔나에서 태어났어요. 그의 아버지는 오스트리아와 헝가리를 오가며 와인 도매업을 했습니다. 동시에 비엔나에서 큰 레스토랑도 운영했어요. 레스토랑에는 작은 오케스트라도 소속돼 있었어요. 비엔나는 클래식 음악의 중심지로서, 모차르트와 베토벤이 활동했던 음악의 도시로 유명했답니다. 어려서부터 오케스트라를 가까이 보고 접한 밍쿠스는 네 살부터 바이올린 레슨을 받기 시작했습니다. 그리고 열두 살에 비엔나의 음악 학교(Gesellschaft der Musikfreunde)에 입학해 정식으로 음악 공부를 하게 되죠.

밍쿠스는 여덟 살에 바이올리니스트로 공식적인 데뷔 공연을 갖습니다. 한 신문에서는 그의 공연을 이렇게 평가했어요. "보수적인 스타일이지만 매우 반짝이는 연주였다". 곧 밍쿠스는 다양한 연주회의 독주자로 초청되며 영재 바이올리니스트로 이름을 알리기 시작했답니다. 또한 밍쿠스는 작곡에도 관심을 보이며, 스무 살에 첫 작품으로 〈바이올린을 위한 다섯 개의 소품〉을 작곡해 악보로 출판하기도 했죠. 스물여섯 살에는 당시 최고의 연주 단체였던 비엔나 법정 오케스트라에 수석 바이올리니스트로 활동했어요. 하지만 오케스트라 연주에 전적으로 매여 활동해야 했기에, 좋은 기회임에도 불구하고 사임을 결정합니다. 음악적으로 더 다양한 시도와 경험을 하고 싶었기 때문입니다. 안정적인 직업보다는 꿈을 위한 과감한 선택이었어요. 그리고 그는 그 꿈을 위해 러시아로 떠나기로 결심했습니다.

루트비히 밍쿠스에서 레옹 밍쿠스로

밍쿠스는 1853년에 러시아 상트 페테르부르크로 이민을 갑니다. 그곳에서 같은 비엔나 출신의 오스트리아 여성을 만나 결혼도 했죠. 이름도 루트비히 밍쿠스에서 레옹 밍쿠스(Léon Minkus)로 바꾸고 본격적인 러시아 생활을 시작하게 됩니다. 러시아에서 처음 3년은 니콜라이 왕자 산하의 오케스트라에서 지휘자로 활동했어요. 그리고 그다음 5년은 모스크바 임페리얼 볼쇼이 극장의 오케스트라에서 수석 바이올리니스트로, 또 오페라단의 지휘자 겸 수석 바이올리니스트로 활동했습니다. 그리고 1861년부터는 볼쇼이 극장의 콘서트 마스터(악장)로 활동했고, 1864년에는 임페리얼 극장 오케스트라에서 보다 더 권위 있는 직책으로 승급을 하게 됐죠. 게다가 그는 모스크바 음악원의 바이올린 교수로도 초빙돼 교육자로서도 최선을 다했습니다.

특히 이렇게 다양한 활동을 하면서도 바이올린 연주자로서의 커리어를 끝까지 놓지 않았습니다. 훗날 수많은 발레 작품을 작곡하던 기간에도 바이올린 연주자로 계속 활동했어요. 차이콥스키의 〈현악 4중주 Op.11, No.1〉의 초연을 연주한 이력이 남아 있고, 이 곡의 바이올린 카덴차 부분을 작곡해 훌륭한 평가를 받기도 했습니다.

바이올리니스트, 지휘자, 교육자라는 1인 3역으로 러시아에서 꽤 멋진 행보를 보여준 밍쿠스. 발레와의 인연은 언제 시작됐을까요?

첫 발레 작품 누구든 첫 작품에는 중요한 의미가 담겨 있습니다. 밍쿠스의 이 발레 작품은 작곡가로서 가능성을 인정받고 새로운 길을 열어주는 데 큰 역할을 하게 되죠. 바로 1857년에 공연된 〈테티스와 펠레우스의 결혼〉이라는 작품이었습니다. 그의 나이 서른한 살에 발레로 입문한 것입니다. 이 작품은 신화의 내용을 담은 발레였습니다. 초연에서 좋은 평가를 받자 후에 임페리얼 볼쇼이 극장의 레퍼토리로 선정돼 새 음악이 더해지고, 〈베니스에서의 이틀〉이라는 제목의 단막 발레로 새롭게 제작되기도 했답니다. 이를 시작으로 밍쿠스는 본격 발레 음악 작곡가의 길을 걷게 됩니다.

프티파의 옷을 입다 밍쿠스는 총 20편의 발레 음악을 작곡했어요. 그 외에 재안무 및 개정작에 참여한 작품도 약 20편이나 됩니다. 그중 프티파와 함께 작업한 작품이 무려 18편이나 돼요. 가장 많은 작품을 함께한 안무가였답니다. 대표작인 〈돈키호테〉, 〈라 바야데르〉는 모두 프티파와 함께 만든 작품이에요. 그 외에도 오래된 발레 작품을 개정하고 재안무하는 데 몰두했던 프티파와 함께, 여러 작품을 수정하고 새로 작곡해 삽입하는 작업을 하게 됩니다. 대표적인 개정작으로 〈파키타〉가 있죠. 프티파는 밍쿠스와 작업했던 작품들 이외에도 〈파라오의 딸〉, 〈잠자는 숲속의 미녀〉, 〈호두까기인형〉, 〈백조의 호수〉, 〈레이몬다〉 등 클래식 발레의 걸작을 남긴 역사적인 안무가입니다.

밍쿠스는 프티파와 협업하면서 그의 영향을 많이 받게 됩니다. 앞서 발레를 만드는 과정에서 살펴보았듯이 프티파는 음악적으로 요구사항이 많았던 안무가였어요. 음악에 대해 잘 알고 있기에 그런 요구들을 할 수 있었죠. 그래서 그의 작품은 동작과 음악의 매치 면에서 매우 훌륭하게 평가받고 있습니다. 거의 일치하도록 만들었죠.

프티파의 안무는 동작의 프레이즈와 극의 구조에 매우 정돈된 질서가 흐르고 있답니다. 예를 들어, 같은 동작을 세 번 반복하고 네 번째에 변화를 주는 것이 하나의 프레이즈가 되는 구조를 사용하곤 합니다. 또 클래식 발레에서 그랑 빠드두가 '아다지오 - 남자 바리에이션 - 여자 바리에이션 - 코다' 순으로 진행되는 것도 프티파로부터 정립된 형식입니다. 이는 음악적으로도 매우 자연스러운 흐름이에요. 마치 고전주의 소나타 형식을 떠올리게 합니다. 1악장에서 4악장까지 다양한 빠르기로 진행되는 한 편의 소나타 같은 흐름이니까요.

솔로 바리에이션은 대부분 A - B - A로 진행되는 세도막 형식을 갖습니다. 마지막 A부분에서는 템포가 빨라지면서 고난도의 테크닉을 선보이죠. 그리고 큰 점프가 장점인 남자 무용수들의 테크닉을 고려해 남자 바리에이션은 대부분 그랑 왈츠로 쓰였습니다. 여성 무용수의 짧아진 튀튀와 더욱 견고하게 만들어진 포인트 슈즈는 발레 테크닉의 수준을 끌어올렸어요. 이를 뒷받침해주는 안무와 음악의 정교함 또한 함께 발전하게 됐죠. 디테일한 표현, 적재적소에 배치하는 군무와 독무, 디베르티스망 등 극에 흥미를 더하고 균형감을 주는 작품의 구조는 음악에도 고스란히 적용됐습니다. 프티파로 인해 밍쿠스는 완벽에 가깝도록 발레의 옷을 입은 음악을 만들어내었습니다. 이 상호적인 예술 작품은 '클래식 발레의 교과서'라 할 수 있을 정도로 발레와 음악 모두 정점을 찍었습니다.

이들의 가장 유명한 빠드두를 감상해볼까요?

〈돈키호테〉 3막 | 키트리와 바질의 그랑 빠드두

스페인의 정열과 경쾌한 리듬 〈돈키호테〉

〈돈키호테〉의 그랑 빠드두를 잘 감상했나요? 〈돈키호테〉는 한국인이 가장 사랑하는 베스트 클래식 발레 작품이다. 원작인 세르반테스의 소설과는 다르게 발레 작품 속 돈키호테는 극의 흐름을 이끄는 조연으로 등장할 뿐이에요. 원작에 없는 인물인 키트리와 바실리오의 유쾌한 사랑 이야기를 중심으로 이뤄지는 희극 발레죠. 이 작품은 스페인이 배경인 발레답게 스페인의 정열을 느낄 수 있는 경쾌한 음악들이 가득합니다. 에스파다의 춤, 거리의 여인 춤, 세기디야, 메르세데스의 춤, 집시의 춤 등 다양한 스페인 춤과 빠르고 신나는 리듬, 민속 선율이 극의 전체적인 분위기를 이끕니다. 주인공 키트리의 첫 등장 또한 이토록 활기차찰 수 없답니다. 경쾌한 왈츠 음악에 힘찬 그랑 바뜨망[1]과 높은 쥬떼[2] 동작으로 등장하며 강렬하고 인상적인 매력을 발산하죠.

키트리가 들고 등장하는 캐스터네츠와 탬버린을 봤나요? 리드미컬한 음악의 흐름을 이끌어내는 키트리의 타악기는 음악에도 고스란히 담겨 있답니다. 캐스터네츠와 탬버린은 심포니에서 좀처럼 접하기 힘든 악기입니다. 하지만 캐스터네츠의 화려한 질주와 탬버린의 고급스럽고 리드미컬한 사운드를 들을 수 있어요. 스페인 남부 지방의 민속 음악 중 세기디야라는 빠른 3박의 춤곡이 1막에 등장하는데요. 바로 이 세기디야에 전통적으로 쓰이는 악기가 캐스터네츠와 탬버린입니다. 게다가 더 중요한 타악기가 하나 더 등장합니다. 바로 무용수들의 손뼉이랍니다. 3박의 왈츠 리듬에서 두 번째, 세 번째 박자에 '-짝짝' 연달아 치는 스페니시풍의 손뼉 치기는 그 어떤 타악기보다 훌륭한 소리로 무대의 흥을 돋웁니다.

즐겁고 활기찬 분위기를 이끌어내는 단순하고 반복적인 선율과 이를 고조시키는 화려한 꾸밈음, 경쾌한 리듬이 이 작품의 특징입니다. 춤을 이끌어낼 만큼 신나는 음악이죠. 지루한 일상에 생기를 얻고 싶다면 〈돈키호테〉의 바르셀로나 광장으로 초대합니다. 경쾌한 음악 속에서 나도 모르게 몸이 저절로 움직이고 있을지도 모를테니까요.

---

[1] 다리를 위로 높게 차는 동작
[2] '던진다'는 뜻으로 다리를 공중으로 던지는 점프 동작

 〈돈키호테〉 1막 | 세기디야

〈돈키호테〉에 다른 작곡가의 음악이?

밍쿠스는 다른 작곡가들의 발레 음악에 자신의 새 음악을 삽입해 작품을 개정하는 작업을 많이 했습니다. 그때마다 원곡 작곡가들은 불쾌하기도 했을 겁니다. 실제로 차이콥스키는 밍쿠스가 〈백조의 호수〉에 새 음악을 삽입했을 때 화가 나서 자신의 음악으로 다시 바꿔버리기도 했어요. 물론 이러한 시도는 당시 재안무를 맡았던 프티파로부터 계획된 일이었지요. 하지만 발레 작품은 해를 거듭해 새롭게 개정하고 재안무를 하는 일이 빈번했기 때문에 밍쿠스도 역시나 피해가지 못했어요. 바로 이 〈돈키호테〉 안에도 다른 작곡가의 음악이 다수 포함돼 있습니다.

1900~1902년에 걸쳐 안무가 알렉산더 고르스키(Alexander Gorsky)에 의해 수정 및 재안무되면서, 안톤 시몬(Anton Simon)이라는 작곡가가 2막 '숲의 여왕 바리에이션'과 3막 '스페니시 댄스'를 추가했습니다. 또 드리고에 의해 주요한 바리에이션들이 추가됐습니다. 바로 2막의 '둘시네아 바리에이션', 3막 '키트리 부채 바리에이션'입니다.

**음악도 블록버스터급의
아름다움 〈라 바야데르〉**

〈라 바야데르〉는 밍쿠스와 프티파의 환상의 호흡으로 남긴 또 하나의 클래식 발레 명작입니다. 이국적 배경의 드라마틱한 내용과 화려한 무대와 의상, 무대를 가득 채우는 수많은 출연진으로 한 편의 블록버스터 영화를 방불케 하는 작품이에요.

인도의 무희를 뜻하는 〈라 바야데르〉는 주인공 니키아와 그녀의 연인 전사 솔로르 그리고 솔로르를 빼앗으려는 공주 감자티와 니키아를 차지하려는 승려 브라민의 이야기예요. 이들의 사랑과 갈등, 질투, 배신, 죽음의 드라마틱한 이야기가 펼쳐집니다. 인도라는 이국적인 배경과 다양한 디베르티스망은 그 어떤 발레 작품보다 화려한 볼거리를 제공합니다. 특히 3막 망령들의 왕국에서의 셰이드 군무는 클래식 발레사에서 명장면으로 꼽히는 발레 블랑이죠! 이처럼 웅장하고도 화려한 극을 뒷받침해 주는 밍쿠스의 음악은 역시나 프티파의 맞춤 옷을 입었습니다.

〈돈키호테〉의 포인트가 경쾌한 리듬이었다면, 〈라 바야데르〉의 포인트는 바로 애절하고 아름다운 선율이라고 할 수 있어요. 서곡의 선율부터 이미 아름답습니다. 1막에서 베일에 가려진 니키아의 신비스러운 첫 등장에 이어 그녀의 운명을 예고라도 하듯 펼쳐지는 슬픈 선율의 솔로 바리에이션, 그리고 니키아와 솔로르의 첫 번째 빠드두. 2막에서 니키아가 슬픔을 삼키고 감자티와 솔로르의 행복을 빌며 추는 솔로 바리에이션. 그리고 가장 하이라이트인 3막 셰이드의 숨막히게 아름다운 군무와 두 남녀 주인공의 마지막 빠드두까지… 마음의 빗장을 해제시키려고 작정하고 만든 선율들이 가득 차 있습니다. 애절하고도 아름다운 밍쿠스의 선율을 감상해보세요.

〈라 바야데르〉 3막 | 셰이드

7인의 작곡가가 만들어낸 〈파키타〉

〈파키타〉는 마질리어의 안무, 에두아르 델데베즈(Édouard Deldevez)의 작곡으로 1846년 파리 오페라 발레에서 초연된 작품입니다. 원래는 3막의 전막 발레였어요. 현재는 마지막 3막에 해당하는 주요 춤들만 무대에 올려지고 있습니다. 바로 3막이 1881년에 공연된 프티파와 밍쿠스의 대표적인 개정작입니다. 그래서 〈파키타〉의 작곡가를 보통 밍쿠스라고 표기한답니다. 단막의 디베르티스망과 같은 형식으로, 화려한 빠드두와 솔로 바리에이션이 주를 이룹니다. 이 개정작에는 밍쿠스 외에도 수많은 작곡가의 음악이 포함돼 있답니다. 마치 아당의 〈해적〉처럼요. 밍쿠스의 개정 후에도 수년에 걸쳐 춤이 한두 개씩 계속 추가됐습니다. 이는 주요 무용수들이 이 작품을 통해 은퇴를 하거나 기념을 하면서 스포트라이트를 받기 위해 다른 작품의 음악을 차용해 춤을 삽입했기 때문이에요.

주요 빠드두와 솔로 바리에이션, 코다의 음악은 다행히 밍쿠스의 음악으로 지켜졌지만, 다양한 솔로 바리에이션의 나열로 이루어져 여러 작곡가의 음악이 삽입됐습니다. 델데베즈, 아당, 드리고 이외에도 알렉세이 파프코프(Alexei Papkov), 율리 게르베르(Yuli Gerber), 니콜라이 체레프닌(Nicolai Tcherepnin)의 음악이 삽입돼 있답니다. 밍쿠스를 포함해 모두 7명의 작곡가들이 〈파키타〉를 만들어냈습니다.

밍쿠스가 작곡한 가장 유명한 장면인 그랑 빠드두는 우아한 바이올린 선율이 돋보이는 곡이에요. 그가 영재 바이올리니스트 출신이라는 것이 증명되는 대목이죠. 특히 포르티시모(Fortissimo)[3]로 연주되는 클라이맥스의 그랑 리프트는 관객에게 시각과 청각의 즐거움을 선사해줍니다. 단순하고 경쾌한 리듬과 듣기 좋은 선율의 발레 음악이랍니다.

 〈파키타〉 3막 | 그랑 빠드두 중 아다지오

훗날 밍쿠스는 우세볼로즈스키의 발레 개혁(차이콥스키 편 참조)으로 인해 불명예스럽게 은퇴했지만, 그가 남긴 발레 음악은 많은 무용수와 발레팬에게 깊은 인상을 남겨주었을 뿐만 아니라 클래식 발레 음악의 교과서가 됐습니다. 우리는 그의 음악에 얹어진 춤과 음악을 공부하며 발레에 대해 이해하죠. 위대한 안무가와의 협업으로 세계 최고의 명작을 탄생시킨 주인공 밍쿠스였습니다.

---

3 ff, 매우 세게 연주하라는 셈여림 지시말

course 5

개정판 발레 음악의 금손,
드리고

#탈리스만 #할리퀴네이드 #어웨이크닝 오브 플로라
#해적 빠드트로와 #다이애나와 악테온 빠드두
#라 에스메랄다 빠드두 빠드시스

Riccardo Drigo
1846~1930

✱

러시아의 고전 발레 작품들은 대부분 드리고의 손을 거쳐갔습니다.
새롭게 작곡, 편곡됐거나, 그의 지휘를 통해 무대에 올려졌거나….
드리고의 금손을 꼭 붙잡고 멋진 산책길을 걸어봐요.

드리고의 작품 알고 보면 유명한 발레 음악을 상당히 많이 만들어낸 작곡가 드리고. 사실 저는 발레를 접하고 나서 처음 들어보는 이름이었답니다. 물론 음악사에서도 그의 이름은 찾아볼 수 없어요. 하지만 발레를 관심 있게 즐겨봤던 분들이라면 그동안 그의 음악을 얼마나 많이 듣고 있었는지 깜짝 놀랄 거예요.

먼저 오늘날에도 공연되고 있는 드리고의 대표작을 나열해볼게요. 두 부류로 나뉩니다. 드리고의 '오리지널' 작품과 드리고의 음악이 삽입된 재안무 작품으로요.

드리고의 오리지널 작품은 〈탈리스만〉과 〈어웨이크닝 오브 플로라〉, 〈할리퀴네이드〉 등이 있습니다. 세 작품 모두 원래는 전막 발레였지만, 현재는 주인공들의 메인 빠드두나 바리에이션만 주로 공연되고 있죠.

드리고의 재안무 작품 음악은 〈해적〉 중 '메도라와 알리, 콘라드의 빠드트로와', 〈라 에스메랄다〉 중 '에스메랄다와 페비우스의 빠드두' 아다지오 부분, 〈라 에스메랄다〉 중 '다이애나와 악테온의 빠드두'가 있습니다. 또한 〈돈키호테〉의 '둘시네아 바리에이션'과 '키트리 부채 바리에이션', 〈지젤〉의 '지젤 솔로 바리에이션'이 드리고의 음악입니다. 그 외에도 차이콥스키가 생전에 인정받지 못했던 〈백조의 호수〉가 차이콥스키 사후 드리고의 손길에 의해 재정비되었습니다.

우리가 갈라 공연이나 콩쿠르에서, 또 클래스에서 그의 음악을 많이 듣고 있었고 춤추고 있었다는 사실! 친근하지만 새로운 작곡가 드리고의 이야기를 해볼게요.

연주, 작곡 그리고 지휘

드리고의 주 직업은 지휘자였습니다. 상트페테르부르크의 임페리얼 극장에서 오랜 기간 지휘자로 활동하면서 극장에서 상연되는 대부분의 발레 작품 지휘를 도맡았죠. 차이콥스키의 〈잠자는 숲속의 미녀〉, 〈호두까기인형〉, 글라주노프의 〈레이몬다〉 등의 초연은 바로 드리고의 지휘로 공연됐습니다. 드리고는 지휘자로 활동하면서도 총 11편의 발레를 작곡했습니다. 오페라도 네 편이나 작곡했고요. 그 외에 발레 재안무작도 여섯 편이나 참여했답니다. 이러한 투잡이 가능했던 능력자의 배경은 어땠을까요?

드리고는 다섯 살부터 피아노를 배우기 시작했어요. 금세 두각을 나타내기 시작해서 10대 초반에 영재 피아니스트로 유명세를 떨치기 시작했습니다. 변호사였던 아버지는 그가 음악인의 길을 가는 것을 걱정스러워했죠. 하지만 드리고가 당시 명문이었던 베니스 음악원에 합격하면서 마지못해 그의 음악 공부를 허락했습니다. 드리고는 10대 초반에 처음으로 작곡에 도전했어요. 그가 처음 쓴 곡은 바로 왈츠였습니다. 춤과의 인연은 이렇게 운명적으로 시작됐나 봅니다. 그리고 자신이 작곡한 작품을 아마추어 오케스트라의 연주로 공연하곤 했어요. 이때 드리고는 지휘에 흥미를 느끼게 됩니다. 여러 악기로 하나의 소리를 만들어내는 지휘야말로 자신의 심장을 뛰게 하는 일이라는 것을 깨닫게 됐습니다.

준비된 자가 기회를 잡는다

드리고는 음악 인생에서 드라마와도 같은 일들을 몇 번이고 겪었습니다. 운 좋게도 스무 살에 이탈리아 가리발디 극장(Garibaldi Theatre)의 리허설 피아니스트이자 악보 사보가로 일할 수 있게 됐어요. 그리고 그에게 예상치 못한 첫 번째 기회가 찾아왔습니다. 바로 공연 전날, 초연을 앞둔 오페라의 지휘자가 갑자기 아픈 바람에 지휘를 할 수 없게 됐습니다. 드리고는 리허설 피아니스트였기 때문에 이 오페라의 음악을 누구보다 잘 이해하고 있었어요. 한마디로 유일하게 준비된 대타였죠. 극적으로 드리고가 지휘봉을 잡게 됐고, 공연은 매우 성공적으로 끝났습니다. 그리고 그는 곧바로 부지휘자로 승격하게 됐습니다.

뒤이어 운 좋게도 또 한 번의 기회가 찾아왔습니다. 러시아 상트페테르부르크 임페리얼 극장의 극장 감독이 이탈리아를 방문해 오페라를 관람하게 됐어요. 그는 드리고가 악보 없이 암보로 지휘하는 것을 보고 크게 감명을 받아 바로 그에게 스카우트 제의를 했습니다. 이를 계기로 드리고는 당시 클래식 발레의 전성기를 구가하던 러시아로 활동 무대를 옮기게 됩니다. 러시아에서는 주로 오페라를 지휘했습니다. 그때마다 신문 기사에선 드리고를 향한 찬사가 이어졌습니다.

때마침 임페리얼 극장 발레단의 지휘자가 은퇴해 지휘자 자리가 공석이 됐습니다. 이때 드리고가 〈파라오의 딸〉을 지휘하며 발레 지휘자로 데뷔하게 됩니다. 발레와의 인연이 시작된 것이죠. 또 같은 해에 임페리얼 극장의 전속 작곡가였던 밍쿠스까지 은퇴를 했어요. 극장 감독은 이 기회에 발레단의 '음악 감독'과 '지휘자'라는 두 가지 직책을 드리고에게 주었죠. 지휘뿐만 아니라 발레 음악의 전반적인 부분에 참여할 수 있는 기회가 열리게 된 것입니다.

준비된 자가 기회를 잡는 법. 우연한 기회가 드리고에게 찾아왔고 그때마다 그는 준비된 모습으로 도전했습니다. 그에 따른 좋은 결과로 다음 단계를 향해 한 걸음씩 나아갈 수 있었죠. 지휘와 작곡이라는 두 마리 토끼를 잡고 발레 분야의 주요 인물로 자리매김하게 됩니다.

발레 작곡가로의 입문   임페리얼 극장에는 당시 최고의 안무가였던 프티파가 있었어요. 그와 함께 처음으로 기존 발레 작품의 개정 작업을 하게 됩니다. 바로 푸니가 작곡했던 〈라 에스메랄다〉였어요. 이 작품에는 드리고가 작곡한 '빠드두'와 '빠드시스'가 삽입됐습니다. 결과는 성공적이었죠. 현재는 원곡자인 푸니의 다른 음악들보다 훨씬 유명한 파트가 됐습니다. 〈라 에스메랄다〉의 성공은 드리고에게 전막 발레를 작곡할 기회를 가져다줬습니다. 그가 작곡한 첫 발레는 바로 〈마법의 숲〉이라는 작품이었어요.. 안무는 프티파와 이바노프가 맡았습니다. 이렇게 드리고는 본격적으로 발레 음악 작곡을 시작하게 됐습니다.

**드리고의 손끝에서
재탄생하는 발레**

드리고는 두 번째 발레 작품이었던 〈탈리스만〉 작곡을 통해 발레 작곡가로서의 입지를 다집니다. 그를 향한 찬사가 끊이지 않았죠. 이 작품의 성공으로 당시 임페리얼 극장의 안무가였던 프티파와 이바노프의 러브콜을 받았습니다. 신작 이외에도 재안무하는 작품을 위해 부수적인 음악을 새로 작곡해달라는 요청이었어요. 특히 프티파는 당시 오래된 작품들을 재안무해 부활시키는 작업을 많이 시도하고 있었어요. 이 작업을 드리고와 함께하게 됐죠. 사실상 당시 개정작으로 공연됐던 모든 발레 작품에 드리고의 음악이 한두 곡 이상 삽입됐습니다. 드리고의 회고록에 의하면 그 수가 무려 80곡이나 된다고 해요.

특히 차이콥스키의 〈백조의 호수〉는 초연에서 실패한 후 한동안 묻혔던 작품이었으나 차이콥스키 사후, 드리고의 손을 거쳐 새롭게 빛을 봅니다. 현재 대부분의 발레단에서 공연되고 있는 버전은 드리고의 수정본이랍니다. 프티파는 음악적으로 아주 디테일한 요구 사항이 많았던 안무가였어요. 앞서 차이콥스키에게 남긴 요구사항들만 보아도 알 수 있죠. 드리고에게도 마찬가지였답니다. 〈백조의 호수〉는 4막에서 3막으로 개정됐고, 극의 내용도 대폭 수정됐어요. 드리고는 이 수정된 대본과 안무가의 요구 사항에 맞추어 차이콥스키의 음악을 편집하게 됩니다. 드리고는 훗날 이렇게 회상했어요.

"〈백조의 호수〉 작업은 외과 수술 같은 일이었다. 나는 위대한 러시아 마스터의 개성을 파악하지 못할까 두려웠다" 라고요.

〈탈리스만〉 빠드두

드리고에 대한 비평가들의 평가

당시 러시아에서는 매 공연마다 신문기사를 통해 비평가들의 평가와 후기가 실리곤 했습니다. 드리고에 대해 어떤 평가들이 있었는지 살펴볼까요?

첫 발레 작품인 〈마법의 숲〉에 대해서는 다음과 같이 평가했어요.

"교향악적인 감각이 뛰어난 이 발레 음악은, 작곡가의 풍부한 경험을 드러내는 훌륭한 관현악법과 미적 감각을 보여준다. 아름다운 선율과 과하지 않은 리듬, 처음부터 끝까지 즐거움이 들린다."

〈탈리스만〉은 극의 내용이 지루하다는 평가를 받은 발레였지만 음악만큼은 극찬을 받았습니다.

"드리고의 단순하고 매력적인 음악이 나의 마음을 사로잡았다. 실제로 나는 〈탈리스만〉의 초연을 보고 난 후 박수를 멈출 수 없었고 감탄사가 절로 나왔다. 정말 걸작이다!"

심지어 〈탈리스만〉을 안무한 프티파는 이렇게 말했답니다.

"오케스트라가 무대 위에서 연주하고 무용수들이 오케스트라 피트에서 춤췄어야 했어."

1893년에 이바노프의 안무와 함께 작곡한 〈마술 피리〉에 대한 평가도 인상적입니다.

"춤추고 싶게 만드는 리듬과 아름다운 선율의 무한한 다양성을 가진 그의 창의력은 청중들을 놀라게 했다. 그의 발레 음악은 거의 교향곡 수준으로 풍부하다."

많은 평가가 보여주듯 그의 음악은 그때나 지금이나 무용수나 관객을 모두 매료시킨 발레 음악인 것이 분명하네요.

작품별 음악의 특징

그럼 드리고의 발레 음악에는 어떤 특징이 있을까요? 〈탈리스만〉의 빠드두는 극의 내용처럼 마치 신화 속의 환상적인 분위기를 자아내는 음색과 선율로 가득 차 있어요. 그중 여자 바리에이션의 현악 피치카토 음악은 가볍고 신비로운 여신 니리티(Niriti)의 캐릭터가 잘 나타나는 곡입니다. 흔치 않은 마이너 조성의 솔로 바리에이션이에요. 빠드두와 코다에서 나타나는 왈츠의 선율도 두드러지죠. 제가 발레 클래스에서 자주 연주하는 곡이기도 합니다. 단순하지만 명쾌한 리듬과 화성이 돋보이는 곡이거든요.

〈할리퀴네이드〉의 익살스러운 두 캐릭터는 음악에서도 그 발랄함과 경쾌함이 살아 춤을 춥니다. 특히 빠드두에서는 바이올린 솔로의 화려하고도 우아한 음색과 기교 섞인 꾸밈음, 익살스러운 리듬이 주를 이룹니다. 〈할리퀴네이드〉는 빠드두 외에 유명한 곡이 한 곡 더 있어요. 바로 1막에 등장하는 '세레나데' 음악이에요. 만돌린 솔로의 인트로로 시작되는 사랑스러운 왈츠 음악이죠. 이 곡은 가사를 붙인 성악곡과 바이올린 솔로 버전의 기악곡으로 음악회에서 연주되는 레퍼토리이기도 합니다.

〈어웨이크닝 오브 플로라〉의 플로라 바리에이션은 하프로 꽉 찬 섬세한 선율을 들을 수 있어요. 봄을 상징하는 플로라의 사랑스럽고 따뜻한 이미지를 가득 담았죠. 주로 어린 학생들의 콩쿠르 레퍼토리로 접할 수 있는 작품입니다.

〈해적〉의 빠드트로와는 굉장히 아름답고 우아한 선율을 자랑합니다. 발레에서 아다지오 음악의 교과서와도 같은 음악이죠. 메인 선율의 반복은 단순하지만 금방 귀에 익숙해져 머릿속에 맴돌게 만듭니다. 갈라 공연에서 필수로 등장하는 레퍼토리여서 들어보면 "아, 이 곡은 내가 아는 곡이야!"라고 할 겁니다. 바로 드리고의 음악입니다.

〈라 에스메랄다〉에 삽입된 '다이애나와 악테온의 빠드두'는 리듬과 템포의 다양한 변화가 매력적인 작품입니다. 특히 악센트! 드리고가 만들어내는 음악적 포인트마다 발레도 함께 멋진 포즈로 악센트를 만들어냅니다. 보통 코다는 2박의 갈롭(gallop)[1] 음악을 많이 사용하는데요. 드리고는 '탈리스만의 빠드두'와 '다이애나 악테온의 빠드두'의 코다를 왈츠로 작곡했어요. 이 곡들은 음악적으로 빠른 갈롭의 코다보다 좀 더 화려하고 우아하게 느껴집니다. 그랑 왈츠에 맞게 높고 시원한 점프들이 특징적이죠. 그의 음악을 말하다 보니 결국 칭찬만 남기게 되네요. 여러

---

[1] 2박계열의 빠른 춤곡

분도 음악으로 직접 확인해보세요.

 〈라 에스메랄다〉 중 다이애나와 악테온의 빠드두

이토록 매력적인 발레 음악   드리고의 음악에서는 주인공들의 캐릭터가 살아 움직입니다. 듣기 좋은 선율과 화성, 리듬이 모두 담겨 있죠. 그리고 비평가의 말처럼 그의 음악엔 '즐거움'이 있습니다. 음악에 내재돼 있는 힘이죠. 지휘자였기에 각 악기의 음색과 조합을 잘 알았고, 관현악법을 통해 그의 장점을 훌륭하게 드러냈습니다. 특히 바이올린의 솔로와 바이올린의 다양한 주법의 사용은 드리고 발레 음악의 성격을 잘 나타냅니다. 발레를 지휘했던 경험 덕에 발레의 동작이나 포인트를 이해하는 곡을 만들었어요. 거기에 프티파의 까다로운 요구 사항을 소화해가며 음악을 만들어낼 정도라면 포용력과 협업심이 대단한 사람이었으리라 짐작해요. 게다가 그는 차이콥스키나 글라주노프 등 다른 발레 작곡가들과도 친밀히 소통하며 함께 작업했다고 합니다. 이러한 그의 원만한 성격의 장점이, 즐거움을 한껏 담아낸 그의 발레 음악에도 묻어나는 것이겠죠?

course 6

발레 음악계 프린시펄,
차이콥스키

#백조의 호수 #잠자는 숲속의 미녀 #호두까기인형
#차이콥스키 빠드두 #오네긴

Piotr Ilyitch Tchaikovsky
1840~1893

*

'차이콥스키의 3대 발레'는 발레의 대명사가 됐어요.
'러시아의 3대 발레'나 '프티파의 3대 발레'가 아닌
왜 작곡가의 이름으로 지칭되었을까요?
이번 산책은 마치 울창한 숲과도 같은 길이에요.

3대 발레 클래식 상식 중 하나인 '3대 발레'를 알고 있나요? 바로 〈백조의 호수〉, 〈잠자는 숲속의 미녀〉, 〈호두까기인형〉입니다. 세계적으로 가장 많이 공연되는 클래식 발레 레퍼토리죠. '발레' 하면 〈백조의 호수〉를 떠올리고, '호두까기인형' 하면 사탕 요정의 춤 멜로디를 떠올리는 건 일반적인 상식이 됐어요. 그 중심에는 물론 차이콥스키라는 거장이 존재하고요.

차이콥스키는 발레 음악뿐만 아니라 수많은 명곡들을 탄생시킨 낭만주의 시대의 대표적인 러시아 작곡가예요. 그의 음악을 이해하는 것이 곧 그의 삶을 이해하는 길입니다. 그의 삶 속에서 발레가 어떤 존재였는지, 그 음악의 깊이가 어디서 비롯됐는지 알게 된다면 어떻게 이토록 뛰어난 발레 음악을 만들었는지, 왜 그 발레 작품들은 그의 이름을 건 3대 발레가 됐는지 알게 될 거예요. 그의 삶과 음악 속으로 함께 떠나보도록 해요.

특기는 왈츠?   차이콥스키가 생애 처음으로 작곡했던 곡은 바로 '왈츠'였습니다. 열네 살에 어머니를 잃은 차이콥스키에게 음악은 슬픔을 이겨내도록 도와주는 하나의 돌파구였어요. 이때 처음으로 작곡을 하게 됩니다. 바로 피아노를 위한 짧은 왈츠곡이었어요. 생애 처음으로 작곡한 곡이 왈츠, 그것도 어머니를 잃은 슬픔을 담은 음악이 왈츠였다니…. 차이콥스키의 왈츠에 대한 애정은 이처럼 그의 작품 곳곳에 보석처럼 박혀 있습니다. 차이콥스키 본인도 왈츠를 일컬어 "영원의 환희를 열어주는 것"이라고 언급할 정도로 왈츠에 대한 애정이 남달랐고, 발레에 이르러 더욱 빛을 발하게 됩니다.

〈호두까기인형〉에 등장하는 꽃의 왈츠와 눈송이 왈츠, 〈잠자는 숲속의 미녀〉 1막의 가랜드 왈츠, 〈백조의 호수〉의 백조들의 왈츠 등에서 알 수 있듯이 하이라이트가 되는 군무 음악은 대부분 왈츠입니다. 심지어 차이콥스키는 교향곡의 한 악장으로도 왈츠를 선택하죠. 그의 〈교향곡 5번〉의 3악장은 'Valse, Allegro moderato'입니다. 마치 발레의 한 장면을 보는 것처럼 밝은 왈츠곡입니다. 왈츠를 교향곡의 한 악장으로 넣는 일은 매우 드문 경우였어요. 그의 수많은 피아노 소품 속에도 왈츠는 계속 등장합니다. 〈어린이를 위한 앨범〉, 〈12개의 소품 Op.40〉, 〈6개의 소품 Op.51〉 등에 매우 감성적이고 섬세한 왈츠곡이 포함돼 있어요. 유명한 'Valse Sentimental'이 대표적이라 할 수 있겠네요.

차이콥스키의 오페라에서도 왈츠의 존재감은 우월합니다. 오페라 〈예브게니 오네긴〉 속에 등장하는 왈츠는 연주회용으로 따로 연주될 정도예요. 관현악곡으로는 〈왈츠 스케르초 Op.34〉

라는 작품이 있고, 발레 〈세레나데〉로 유명한 〈현을 위한 세레나데〉에도 왈츠가 등장하죠. 이쯤 되면 차이콥스키의 주특기가 왈츠였다고 봐야겠네요.

그 외에도 차이콥스키의 기악곡 속에는 수많은 춤곡이 존재해요. 미뉴에트, 사라반드, 가보트, 볼레로, 타란텔라, 트레팍, 폴로네이즈 등, 각국의 민속 춤곡을 그의 다양한 작품에서 만나볼 수 있답니다. 춤과 떼려야 뗄 수 없는 운명적인 차이콥스키의 음악의 길. 그 길에서 발레는 우월한 존재감을 드러냅니다.

제5번 교향곡 3악장 Valse, Allegro moderato

예술적 가치를 높인 발레 음악

차이콥스키 이전 시대의 발레 음악은 춤의 반주 혹은 춤곡의 메들리에 불과했어요. 이러한 발레 음악의 경향은 프랑스의 대표적인 발레 작곡가 아당과 들리브에 의해 차츰 예술적으로 발전됐죠. 발레의 중심이 러시아로 옮겨져 러시아 작곡가인 차이콥스키에 이르러서야 음악을 완전히 무용과 대등한 예술적 지위로 끌어올리게 됩니다. 동시대 전막 발레의 경우, 대본과 안무에 종속돼 음악적인 제약이 있었습니다. 그런 기존의 발레 음악 스타일을 차이콥스키가 뛰어넘는 것이죠. 그의 발레 음악은 뛰어난 음악성과 관현악법을 기반으로 춤과 음악을 유기적으로 결합시킨 최고의 예술 작품으로 평가받습니다.

차이콥스키 스스로도 이전의 발레 음악과 자신의 음악은 다르다고 생각했어요. 그가 자신의 후원자였던 폰 메크 부인에게 쓴 편지글을 보면 "내가 작곡한 발레 음악을 밍쿠스나 푸니의 발레 음악과 비교하는 것을 거부해요. 그들의 발레 음악은 춤을 과시하기 위한 반주 음악의 성격을 띠고 있어요. 물론 그들도 그렇게 만들어달라는 요구를 받았기 때문이지만요. 하지만 그 결과 그들의 음악은 한 번 쓰이고 버려지는 음악이 많았어요. 또한 언제라도 수정되고 편집될 수 있었지요. 하지만 나의 발레 음악은 달라요. 극의 내용에 완전히 녹아들도록 춤에 논리적으로 대응시키기 위해 노력했답니다"라고 했습니다.

실제로 차이콥스키의 발레 음악은 등장인물들의 캐릭터 표현, 정경의 묘사, 심리의 묘사, 극의 몰입도를 높이는 음악적 진행, 독창적인 관현악법, 우아하고 깊이 있는 선율과 풍성한 화성, 다양한 리듬과 변박의 사용 등, 단순한 춤곡을 넘어서는 음악적 예술성이 돋보입니다. 마치 춤에 종속되지 않는 듯한 자유로운 표현으로 음악을 만들었죠. 음악 자체만으로도 춤과 극을 한층 성숙하게 만들어낸 것입니다.

유례없는 오케스트레이션 특히 그의 관현악법은 매우 독창적이었습니다. 여러 악기로 진행되는 다양한 성부의 선율, 악기들의 믹스 매치, 새로운 악기의 과감한 도입 등으로 차이콥스키만의 입체적인 사운드를 만들어 냈습니다.

〈호두까기인형〉의 눈송이 왈츠를 기억하나요? 뜬금없이 "아아 아아아~~"하는 합창이 등장합니다. 24명의 여성 합창 또는 어린이 합창으로 만들어내는 신선하고도 따뜻한 하모니예요. 이 독특한 왈츠와 합창의 조합은 발레 작품에서는 첫 시도였습니다. 또 별사탕 요정의 바리에이션은 '첼레스타'라는 악기를 이용해 환상적인 동화나라의 음률을 만들어냅니다. 당시 러시아에는 첼레스타가 알려지지 않았기에 차이콥스키는 자신 외에 다른 작곡가들이 먼저 사용하는 일이 없도록 출판사 측에 신신당부했다고 해요.

〈백조의 호수〉에서는 현악기의 트레몰로 주법으로 호숫가를 표현했어요. 백조를 상징하는 악기로는 오보에와 클라리넷 같은 목관악기가 사용됐고요. 2막 호숫가에서 오데뜨와 왕자의 첫 만남은 마치 대화하는 듯한 춤과 팬터마임으로 이어지는데요. 이때 오데뜨를 상징하는 오보에와 이에 화답하는 것 같은 첼로의 낮은 음색의 대조로 표현했습니다. '네 마리 백조'는 바순과 클라리넷의 이중주로 표현해 익살맞고 독특한 조화의 음색을 만들어냈습니다. 가장 유명한 '백조 빠드두'는 바이올린과 첼로의 선율이 조화롭게 어우러져 마치 두 악기가 두 무용수의 춤과 일치하는 연상을 하게 만듭니다. 이렇게 두 악기의 대조와 호흡이 유난히 돋보이는 작품이기도 합니다.

〈잠자는 숲속의 미녀〉는 요정들과 동화 속 캐릭터를 그려내듯 화려하고 예쁜 음악들이 가득합니다. 마치 여러 가지 빛과 색을 품고 있는 보석처럼 다채롭게 들리죠. 그 이유로는 계속해서 변화하는 조성을 꼽을 수 있어요. 예를 들어 3막의 경우, 'D장조의 행진곡 - G장조의 폴로네이즈 - Bb장조의 빠드꺄트르 - Eb

장조의 금의 요정 바리에이션 - Ab장조의 은의 요정 바리에이션 - C장조의 사파이어 요정 바리에이션 - G장조의 다이아몬드 요정 바리에이션 - E장조의 코다' 등으로 이어집니다. 겹치는 조성 없이 계속해서 조성의 변화를 줍니다. 각 조성은 고유의 느낌을 갖고 있죠. 서주와 29개의 곡, 세분화하면 총 61곡의 대작을 지루하지 않게 표현하기에 너무나 좋은 작곡 기법입니다.

또한 가장 유명한 3막에 등장하는 오로라와 왕자의 그랑 빠드두의 음악이 빠질 수 없겠죠. 현악의 피치카토 반주에 서정적인 오보에의 솔로, 피아노의 스케일 연주가 포인트로 이어집니다. 대조되는 음색을 가진 악기들의 어우러짐이 돋보이는 차이콥스키의 주특기 오케스트레이션이죠. 전조가 되며 보다 극적인 진행으로 이어지는 이 빠드두 음악은 그 어떤 작품보다 세련되고 화려하답니다.

〈호두까기인형〉 3막 | 눈송이 왈츠

〈백조의 호수〉 2막 | 오데뜨와 지그프리드의 빠드두

〈잠자는 숲속의 미녀〉 3막 | 오로라와 왕자의 빠드두

어두운 내면, 빛나는 음악   이토록 빛나는 차이콥스키의 음악 세계 이면에는 그의 어두운 삶이 존재합니다. 차이콥스키는 어려서부터 음악에 뛰어난 재능을 보였으나 아버지는 혹시나 그가 직업적으로 안정적이지 못한 음악가의 길을 걷게 될까 봐 그를 일찌감치 법률 학교에 보냅니다. 차이콥스키는 아버지의 바람대로 법률 학교를 졸업한 후 법무성의 서기로 일했습니다. 적성에 맞지 않는 일을 해야 하는 고통과 음악을 포기하지 못하는 미련 때문에 괴로워했죠. 결국 그는 스물세 살에 상트페테르부르크 음악원에 입학하게 됩니다. 그리고 지휘와 작곡을 공부했어요. 졸업 후에는 모스크바 음악원에서 교편을 잡았으나 학생들을 가르치며 작곡 활동을 병행하는 것은 힘든 일이었습니다. 하지만 다행스럽게도 그의 음악을 지지하던 폰 메크 부인의 후원 덕에 교직을 사임하고 본격적으로 작곡가의 삶을 살아가게 되죠.

차이콥스키는 성격이 매우 내성적이고 지나치게 예민했습니다. 좋게 이야기하면 섬세하고 감수성이 풍부하다고 할 수 있지만, 현실은 신경이 날카롭고 감성적이었던 탓에 늘 우울증에 시달렸어요. 상처를 잘 받는 소심한 성격인지라 자신의 작품에 대한 관객의 반응과 평가에도 매우 민감했다고 합니다. 실제로 스물일곱 살에 자신의 첫 발레 작품이었던 〈백조의 호수〉에 대한 혹평에 몹시 상처를 받았죠. 다시는 발레 음악을 작곡하지 않겠다며 10년이 넘도록 발레 음악엔 손도 대지 않기도 했습니다.

제자였던 밀류코바와의 결혼은 9주 만에 파국을 맞이했고, 그 여파로 신경쇠약에 시달리다 자살을 시도하기도 했어요. 또한 동성애자로 살아갔던 차이콥스키는 늘 여러 가지 두려움과 혼란에 시달렸습니다. 결국 스스로 목숨을 끊는 비운을 맞이하게 되죠. 작곡가로서는 성공한 삶이었지만 본인은 평생을 자신의 정체성과 자괴감, 사회적 시각에 대한 두려움에 시달린 괴로운 인생이었습니다. 그런 그의 삶에 발레란 "현실 도피와 꿈속으로 빠져들기 위한 것"이라고 폰 메크 부인에게 보낸 편지에 적기도 했습니다. 그에게 발레는 이토록 어두운 내면의 도피처와도 같았어요. 그래서 그의 음악에는 천재성에 빛나는 눈부신 아름다움과 함께 어둠이 드리워진 깊고 진한 무게가 동시에 담겨져 있습니다. 극단의 감정들을 오가며 가장 낭만적인 음악을 만들어냈죠. 삶의 무게가 느껴지는 애수 가득한 〈비창 교향곡〉과 〈호두까기인형〉의 '별사탕 요정 춤' 처럼 동화 같은 음악이 동일한 작곡가의 음악이라는 것이 믿기지 않을 정도로 말이에요.

시대를 앞서갔던 발레 음악 〈백조의 호수〉는 초연에서 혹평을 받으며 실패했습니다. 음악이 너무 교향악에 가깝고 난해해 춤추기 어렵다는 이유였죠. 시대를 앞서가는 예술가로서의 시련이랄까요. 물론 안무의 미숙함과 적절치 못한 캐스팅, 무대와 의상의 미흡함, 오케스트라 실력 부족 등의 여러 이유도 있었어요. 하지만 차이콥스키는 그 여파로 10년이 넘도록 발레 음악을 작곡하지 않았습니다.

훗날 마린스키 극장의 이반 우세볼로즈스키(Ivan Usevolozhsky)의 의뢰로 14년 만에 〈잠자는 숲속의 미녀〉를 통해 발레 음악에 재도전합니다. 그리고 〈호두까기인형〉의 작곡까지 이어가죠. 하지만 결과는 두 작품 모두 〈백조의 호수〉와 마찬가지로 그다지 성공적이지 않았어요. 발레보다 음악이 우월하다는 평 때문이었습니다. 음악이 너무 섬세하고 정교해 춤과 맞지 않다거나 음악이 어렵다는 등의 이유였어요. 당시 발레 음악들은 굉장히 단순했고 틀이 정해져 있었습니다. 대표적인 발레 음악 작곡가로는 마린스키 극장의 전속 작곡가였던 밍쿠스가 있었어요. 단순함과 명료함이 장점인 그의 발레 음악과 비교해봐도 차이콥스키의 발레 음악은 시대를 앞서가는 예술성이 단연 독보적입니다.

아쉽게도 그는 생전에 본인의 3대 발레가 빛을 발하는 무대를 보지 못했어요. 차이콥스키가 죽고 나서야 재평가돼 현재의 전설적인 '3대 발레'가 됐죠.

우세볼로즈스키의 발레 개혁 앞서 언급했듯이 차이콥스키는 마린스키 극장의 극장 감독이었던 우세볼로즈스키의 의뢰로 〈잠자는 숲속의 미녀〉를 작곡하게 됐어요. 그 배경에는 우세볼로즈스키의 엄청난 개혁의 뜻이 숨어 있었답니다. 우세볼로즈스키는 당시의 발레가 점점 예술성이 떨어지는 오락물로 전락하고 있음을 깨달았어요. 전반적인 개혁이 필요하다고 생각했죠. 그리고 이러한 쇠퇴 원인 중 하나가 이류, 삼류 작곡가들의 음악에 있다고 생각했습니다. 전속 작곡가였던 밍쿠스가 대표적이었죠. 예술성보다는 대중성을 추구하며 반주의 기능에서 멈추어 있는 그의 음악을 지적했어요. 물론 〈돈키호테〉와 〈라 바야데르〉 같은 명작을 남기기도 했지만, 한계는 거기까지였죠. 귀에 익숙한 선율과 곡의 진행이 동시대 작곡가들의 음악에 비해 매우 단순하고 창의적이지 못하다고 생각했어요. 결국 그를 해고함으로써 개혁을 시작했습니다.

우세볼로즈스키는 여러 비책 끝에 밍쿠스를 해고시켰고 실력 있는 일류 작곡가를 찾기 시작했어요. 바로 차이콥스키 같은 작곡가였죠. 누군가에게는 원성을 샀을지언정 발레 역사에 있어 매우 중요한 사건이었습니다. 발레 음악의 퀄리티가 차이콥스키 전과 후로 나뉠 수 있을 정도로, 발레 음악의 예술성과 가치가 급부상했어요. 마치 '조연'에서 '주연'으로의 승급처럼 말입니다. 물론 차이콥스키 음악의 힘이 있었기에 가능한 일이었습니다.

〈차이콥스키 빠드두〉의 탄생 비화

차이콥스키의 3대 발레 외에도 그의 이름으로 만들어진 명작 빠드두가 존재합니다. 바로 〈차이콥스키 빠드두〉라는 작품이에요. 갈라 공연에서 종종 만날 수 있는 작품이죠. 튀튀가 아닌 짧은 쉬폰 원피스를 입은 발레리나의 가벼운 몸짓이 인상적인 작품이에요.

이 작품은 원래 〈백조의 호수〉 3막에 포함됐던 빠드두였답니다. 〈백조의 호수〉를 연기했던 볼쇼이 극장의 프리마 발레리나 안나 소베슈찬스카야(Anna Sobeshchanskaya)가 이 작품을 공연한 뒤, 안무가였던 율리우스 라이징거(Julius Reisinger)의 안무에 불만을 제기했습니다. 기존 3막의 빠드시스를 오딜과 지그프리드의 빠드두로 변경해달라고 요구했죠. 당시에는 주역을 맡은 발레리나들이 안무가에게 자신을 위한 바리에이션이나 특정 부분의 춤을 추가하도록 요구할 수 있었어요. 그리고 그 춤은 법적으로 그 발레리나의 재산이 될 수 있었죠. 소베슈찬스카야는 이 빠드두 안무를 프티파에게 요청합니다. 그리고 프티파는 새로운 버전의 빠드두 음악 작곡을 밍쿠스에게 의뢰했죠.

차이콥스키는 이 소식을 듣고 너무 화가 났습니다. 자신의 작품에 다른 작곡가의 음악이 부분적으로 추가되는 것을 매우 불쾌해했던 것이죠. 결국 차이콥스키는 자신이 이 빠드두를 작곡하겠다고 나섭니다. 하지만 이미 안무를 끝낸 다음이었기에 음악의 구조는 어쩔 수 없이 밍쿠스의 버전대로 따라갔어요. 소베슈찬스카야가 프티파의 안무를 맘에 들어 했기 때문이에요. 그래서 차이콥스키는 밍쿠스가 작곡해놓은 음악의 틀에 맞추어 작곡을 하게 됩니다.

이 빠드두는 그 후 약 70여 년 동안 잊혔습니다. 추가로 작곡된 부분이었기 때문에 사전에 출판된 〈백조의 호수〉 악보에 포함되지 않다 보니 자연스레 잊힌 것이죠. 그러다 1912년 고르스키가 〈해적〉의 재안무 작품을 작업하던 중 볼쇼이 극장의 기록 보관소에서 이 악보를 발견했고, 이 음악을 〈해적〉 안에 삽입하기도 했습니다. 고르스키의 〈해적〉에는 차이콥스키 이외에도 그리그, 드보르작, 쇼팽 등의 음악이 사용됐답니다. 그 후 1960년, 뉴욕 발레 시티의 안무가인 발란신이 이 음악으로 새로운 빠드두를 안무했고 현재까지 무대에서 공연되고 있습니다.

〈차이콥스키 빠드두〉

**발레로 재탄생된
그의 음악**

차이콥스키가 전막 발레를 위해 작곡한 음악은 이 세 작품이었지만, 후대에 많은 안무가들이 차이콥스키의 음악을 사용해 새 발레 작품을 만들었어요. 현재까지도 수많은 안무가들의 선택을 받고 있습니다.

대표적으로 20세기 드라마 발레의 대표작 〈오네긴〉이 있습니다. 차이콥스키의 다양한 음악들을 관현악곡으로 편곡한 전막 발레죠. 〈오네긴〉에 사용된 차이콥스키의 음악은 〈사계 Op.37〉, 〈피아노를 위한 3개의 소품, Op.9〉, 〈피아노를 위한 6개의 소품, Op.19〉 등, 피아노 소품집과 오페라 〈체레비스키〉, 표제 교향곡 〈프란체스카 다 리미니〉, 〈로미오와 줄리엣 환상서곡〉 등이 있습니다. 존 크랑코의 안무와 함께 작곡가 하인즈 슈톨체의 뛰어난 편곡이 신의 한수인 작품입니다. 마치 차이콥스키가 〈오네긴〉을 위해 작곡한 듯 완벽한 편곡을 보여주는 작품이죠. 슈톨체는 피아노곡, 오페라 아리아 등을 차이콥스키 스타일의 오케스트레이션으로 편곡했고, 라이트모티프 기법을 사용해 전막 발레로서의 자연스러운 흐름을 완성시켰습니다. 이 방대한 편곡 작업을 하면서 그는 "차라리 차이콥스키와 같이 일을 하는 편이 쉬울 것"이라는 얘기를 했다고 하네요. 그만큼 차이콥스키 음악을 단순하게 편집하거나 짜깁기한 것이 아닌 '재창작'한 작품이라 할 수 있습니다.

〈오네긴〉 1막 | 오네긴 바리에이션의 원곡,
〈피아노를 위한 6개의 소품〉 Op.19 No.4

조지 발란신은 차이콥스키의 〈현을 위한 세레나데〉 현악곡으로 〈세레나데〉라는 유명한 안무작을 남겼습니다. 또 안무가 보리스 에이프만(Boris Eifman)은 〈차이콥스키의 삶과 죽음〉이라는 작품을 안무해 차이콥스키의 삶을 조명했고, 음악 또한 그의 〈제6번 교향곡 '비창'〉과 〈만프레드 교향곡〉 등으로 구성해 극적인 효과를 더했죠. 또 최근에는 유니버설 발레단의 〈춘향〉의 음악을 차이콥스키 음악으로 전면 개편하는 등, 그가 작곡한 형형색색의 음악은 발레에 쓰일 만큼 춤과 극을 만들어내는 음악적 에너지가 함축돼 있습니다.

또한 그의 3대 발레는 음악적으로도 그 예술성을 인정받아 연주회용으로 엮은 〈발레 모음곡〉으로 재구성돼, 클래식 음악 레퍼토리로서도 굳건하게 자리매김하고 있습니다.

프린시펄로서의 명성

차이콥스키는 쉰다섯 살에 생을 마감하기까지 발레 외에도 오페라, 교향곡, 실내악곡, 독주곡, 가곡, 피아노 소품 등 방대한 작품을 남겼습니다. 3대 발레 이외의 주요 작품으로는 〈피아노 협주곡 1번〉, 〈바이올린 협주곡〉, 오페라 〈예브게니 오네긴〉, 〈제5번 교향곡〉, 〈제6번 교향곡 '비창'〉, 〈이탈리아 기상곡〉, 〈로미오와 줄리엣 서곡〉 등이 있습니다.

그의 명작들은 현재까지도 많은 클래식 애호가들의 사랑을 받고 있을 뿐만 아니라 연주자들의 끝없는 도전과 연주가 이어지고 있습니다. 피아니스트라면 〈피아노 협주곡 1번〉을, 바이올리니스트라면 〈바이올린 협주곡〉을, 오케스트라라면 〈제6번 교향곡 '비창')을 꼭 한 번 도전하곤 합니다. 차이콥스키의 명성은 그의 이름을 건 세계적 권위의 음악 콩쿠르가 있을 정도로 대단하죠. 이 콩쿠르는 신예 음악가들의 세계적인 등용문이 됐습니다. 차이콥스키는 발레계와 음악계를 막론하고 역시나 '프린시펄'이라 칭해도 손색이 없는 인물입니다.

발레 피아니스트의 〈백조의 호수〉

개인적으로 〈백조의 호수〉의 음악을 너무나 좋아합니다. 전곡 음반을 무한 반복 감상하며 푹 빠져 지냈던 적도 있었고, 편곡해 클래스에서 연주하기도 하고, 앨범에 수록하기도, 무대에서 연주하기도 했죠. 그때마다 느꼈던 것은 아름다움의 깊이였습니다. 단순히 '아름답다'라는 표현을 넘어서는 진한 음악의 힘이 느껴지는 작품이라고 생각해요. 백조를 연기하는 발레리나는 가녀려 보이지만 그 안에 탄탄한 잔근육이 만들어내는 절제된 힘이 있습니다. 음악의 아름다움의 이면에는 슬픔과 환희, 고통과 기쁨이 뒤섞인 감정들이 만들어내는 숭고한 미가 내재돼 있죠. 그래서 연주할 때 테크닉보다는 그 감정을 표현하는 것에 더욱 집중하는 편이에요.

저는 발레 음악을 감상할 때 서곡을 매우 중요하게 생각하며 듣습니다. 서곡은 극의 전체적인 분위기를 축약하는 상징적인 음악이라고 생각하거든요. 〈백조의 호수〉에서는 서곡이 아닌 도입곡(Introduction)으로 쓰여서 1막으로 바로 이어지는 형태를 지닙니다. 이 첫 곡이 주는 이미지는 '백조의 아름다움'이 아닌 '백조의 운명'이라는 생각을 했습니다. 조용한 오보에 독주로 시작하는 첫 주제, 그리고 이어지는 첼로의 두터운 선율과 바이올린으로 이어지는 클라이맥스는 슬픈 운명을 가진 백조의 애원이 담긴 날갯짓을 연상시키곤 하죠. 마치 차이콥스키의 삶과 운명과도 닮아 있다는 생각을 해봅니다.

발레리나가 사람이 아닌 한 마리의 백조를 표현하듯, 또 그들이 춤추는 무대가 땅이 아닌 호숫가를 표현하듯, 〈백조의 호수〉의 음악은 현실과 이상 사이의 어디쯤에서 우리를 황홀경으로 인도합니다. 저는 오늘도 피아노 앞에 앉아 미지의 세계와도 같은 차이콥스키의 음악을 연주하며 그의 위대함을 곱씹어봅니다.

〈백조의 호수〉 도입곡

course 7

이보다 더 우아할 수는 없다,
글라주노프

#레이몬다 #사계

Alexander Glazunov
1865~1936

＊

차이콥스키 사후 프티파는 새로운 작곡가를 찾아야 했습니다.
그리고 바로 보석 같은 글라주노프를 발견했죠.
노장의 안무가와 신예 작곡가의 만남은 어땠을까요?

발레의 우아함   '우아하다'라고 하면 어떤 이미지가 떠오르나요? 개인적으로는 드레스, 곡선, 골드… 그리고 무엇보다 발레리나가 떠오릅니다. '우아하다'라는 말은 '고상하고 기품 있으며 아름답다'라는 뜻을 지니죠. 클래식 발레를 상징하는 대표적인 형용사라고 생각해요. 특히 발레리나 중에서도 키트리나 스와닐다 같은 캐릭터보다는 오로라, 오데뜨가 떠오르죠. 그리고 바로 이번 산책에서 만나볼 '레이몬다'가 가장 먼저 떠오른답니다. 화려한 의상, 고상한 자태의 귀족 레이몬다는 글라주노프의 음악을 만나 한껏 그 우아함이 부각될 수 있었어요. 먼저 레이몬다의 우아함을 담은 글라주노프의 음악을 한 곡 감상하고, 이번 산책길을 천천히 거닐어볼까요?

〈레이몬다〉 1막 ｜ 레이몬다의 스카프 바리에이션

러시아 발레, 러시아 작곡가

클래식 발레의 중심이었던 러시아에서 차이콥스키 이전의 대부분 발레 작곡가들은 유럽권 출신이었어요. 차이콥스키는 자신의 나라 러시아에서 꽃피웠던 클래식 발레를 러시아의 유산으로 남긴 중심적인 인물이었고요. 그 뒤를 잇는 또 한 명의 위대한 러시아 발레 작곡가가 있었으니, 바로 글라주노프입니다. 앞서 언급한 발레 〈레이몬다〉의 작곡가죠.

1865년 러시아 상트페테르부르크에서 태어나 어려서부터 뛰어난 재능을 보인 글라주노프는 피아니스트였던 어머니 밑에서 아홉 살부터 피아노를 배우고 열한 살에 작곡을 시작해 열여섯 살에 교향곡 1번을 발표한 수재였어요. 〈세헤라자데〉의 작곡가인 림스키 코르사코프(Rimsky Korsakov)의 제자이기도 했죠. 림스키 코르사코프는 하루가 다르게 성장하는 글라주노프에게 더 이상 가르칠 게 없다며 2년도 채 되지 않아서 레슨을 종료했다고 합니다. 글라주노프는 한 번 들은 음악을 모두 기억해 연주하는 천재성을 지녔죠. 글라주노프가 열여섯 살에 발표한 첫 교향곡을 들은 차이콥스키도 글라주노프를 매우 높이 평가했습니다.

글라주노프는 작곡가이자 지휘자 그리고 교육자로 활동한 러시아의 대표적인 후기 낭만주의 음악가입니다. 대표작으로는 〈교향곡 제6번〉, 〈바이올린 협주곡〉, 교향시 〈스텐카 라진〉, 〈바다〉, 〈크레믈린〉, 〈현악 사중주 제1번〉 등이 있고, 그 외에도 피아노 협주곡, 피아노 소품, 성악곡, 합창곡 등이 있어요. 발레 작품으로는 총 세 개의 작품을 남겼습니다. 〈레이몬다〉 이외에도 〈사계〉와 〈사랑의 술책〉이 있답니다.

스승을 뛰어넘다

글라주노프는 코르사코프에게 화성학과 작곡법을 배웠어요. 코르사코프는 러시아 국민악파[1]의 대표적인 작곡가로, 러시아 민속 음악을 풍부하고 독창적인 관현악법으로 연주할 수 있는 훌륭한 작품들을 남겼습니다. 글라주노프의 초기 작품들은 스승의 영향을 많이 받아 민족주의 경향의 화려하면서도 힘 있는 관현악법이 특징이에요. 초기에 작곡한 〈오리엔탈 랩소디〉의 경우 코르사코프의 〈세헤라자데〉와 상당히 비슷한 멜로디 라인과 구성을 지니고 있습니다.

하지만 글라주노프는 점차 독일의 고전주의 음악에 영향을 받아 신고전주의[2]를 추구했어요. 특히 브람스의 음악을 너무나 좋아했기에 그의 음악에 영향을 많이 받았죠. 당시 음악적 사조가 점차 20세기의 모더니즘으로 넘어가는 시기였기에 그의 음악은 미래적이지 못하다는 평가를 받았습니다. 반면에 고전주의를 계승하는 참신한 신고전주의의 대부로 여겨지기도 했습니다. 동시대에 활동했던 후배들이 스트라빈스키, 프로코피예프라는 것을 보면 알 수 있어요. 그들의 음악은 보다 진보적이었죠. 스트라빈스키와 프로코피예프 또한 코르사코프의 제자이기도 했답니다. 하지만 훗날 글라주노프가 새 작품을 발표할 때마다 이러한 미래성에 대한 언급보다는 그의 뛰어난 오케스트레이션이 높이 평가받았고 심지어 스승을 뛰어넘는다고 평가되기도 했습니다.

---

[1] 자국의 국민성을 강조한 국민주의 혹은 민족주의 성향의 예술 사조 운동
[2] 낭만시대 이전의 음악적 양식에 새롭게 접근해 고전주의로의 복귀 및 재창조를 추구한 음악 사조

노장 안무가와 신예 작곡가의 만남   프티파는 차이콥스키가 사망한 뒤 자신의 발레 작품을 빛내줄 새로운 작곡가가 필요했습니다. 당시 30대 초반이었던 글라주노프는 작곡가이자 지휘자로 활발한 활동을 하고 있었어요. 그의 화려한 오케스트레이션 스타일은 발레와 함께하기에 적합했죠. 글라주노프는 프티파와의 첫 작업으로 〈레이몬다〉를 작곡합니다. 1898년 초연돼 현재까지도 무대에 올려지고 있죠. 당시 프티파는 여든 살이었습니다. 〈레이몬다〉는 그의 말년을 대표하는 작품이기도 합니다. 노장의 안무가와 신예 작곡가…. 약 쉰 살의 나이 차이를 극복하고 그들은 두 편의 발레를 더 만들어냈습니다. 바로 1900년에 초연된 단막 발레 〈사계〉와 〈사랑의 술책〉이었어요.

그 이후로는 아쉽게도 더 이상 발레 음악을 작곡하지 않았습니다. 하지만 훗날 미하일 포킨(Michel Fokine)이 쇼팽의 음악으로 안무한 〈쇼피니아나〉를 글라주노프가 편곡했답니다. 그 후에도 세르게이 디아길레프(Sergei Diaghilev)에게 〈불새〉의 작곡을 의뢰받기도 했으나 거절했어요. 아쉽게도 발레와의 인연은 여기까지였죠. 이후 그의 관심은 순수 기악곡 작곡으로 돌아섰습니다.

이보다 더 우아할 수는 없다   〈레이몬다〉는 중세 헝가리 왕국을 배경으로 한 발레입니다. 주인공인 레이몬다와 그녀의 약혼자 브리엔의 이야기죠. 레이몬다를 남겨둔 채 십자군 전쟁에 출정한 브리엔, 그 사이 레이몬다에게 구애하는 사라센 영주 압데라크만이 등장합니다. 압데라크만의 유혹과 협박에도 흔들림 없이 브리엔을 기다리는 레이몬다, 전쟁을 마치고 돌아온 브리엔과 압데라크만의 결투, 브리엔의 승리와 레이몬다와 브리엔의 결혼으로 막을 내리는 것이 이 작품의 줄거리입니다.

줄거리만 보면 굉장히 극적이고 비장한 음악이 사용됐을 것만 같습니다. 하지만 글라주노프는 자신의 음악 성향을 담은 우아함으로 극을 만들어냅니다. 특히 헝가리를 배경으로 한 발레답게 헝가리 민속 음악을 사용해 이국적인 분위기를 만들어내죠. 민속 음악이 갖는 투박함을 넘어 매우 부드럽게 그려내고 있습니다. 클래식 발레가 갖는 고유의 우아함과 글라주노프의 화려한 오케스트레이션, 그리고 헝가리 왕국이라는 극의 배경, 이렇게 삼박자가 만나 이보다 더 우아할 수 없는 발레를 만들어냈습니다.

〈레이몬다〉의 음악은 유려한 현악의 선율, 풍성한 오케스트레이션, 아름다운 화성이 상당히 돋보입니다. 특히 오케스트레이션에서 하프와 첼레스타의 사용이 돋보여요. 하프로 연주하는 레이몬다 스카프 바리에이션과 첼레스타로 연주하는 친구 바리에이션 음악은 예쁘고 신비한 사운드를 만들어냅니다. 3막 레이몬다 바리에이션에는 피아노가 등장합니다. 오케스트라에서 피아노의 사용은 매우 드문 경우예요. 솔로 바리에이션 음악으로 피아노를 사용한 것은 이 바리에이션이 유일합니다. 이처럼 솔로 바리에이션의 음악이 독창적이고 유난히 빛나는 것이 〈레이몬다〉의 특징이기도 해요. 또한 서곡과 간주곡은 마치 교향시처럼 한 편의 그림 같은 느낌을 줍니다.

〈레이몬다〉에는 헝가리 민속 무곡 이외에도 다양한 민속 무곡이 등장합니다. 2막 사라센 노예들의 춤(혹은 요술쟁이 춤), 아랍 소년들의 춤, 사라센의 춤, 스페인 춤, 압데라크만의 솔로 춤 등이 디베르티스망으로 등장하죠. 1막과는 반대로 매우 이색적이고 정열적인 무대를 만들어냅니다. 3막은 헝가리 민속 선율로 가득 차 있습니다. 특히 헝가리를 대표하는 민속 무곡인 '차르다시'는 헝가리 스타일의 화려한 군무로 눈과 귀를 매료시킵니다. 본래 헝가리 민속 음악은 특유의 음계를 가진 집시풍의 음악입니다. 애수가 깃든 멜로디와 자유로운 리듬과 감정이 특징이에요. 글라주노프는 이 헝가리 민속 음악을 '클래식화'해 보다 고급스러운 음악으로 잘 빚어냈죠. 전막 음악 중 여섯 곡을 묶은 〈레이몬다 모음곡〉도 클래식 음악 레퍼토리로 연주되며 글라주노프의 대표 기악곡이 됐습니다.

〈레이몬다〉 3막 | 레이몬다 솔로 바리에이션

드리고와 맞바꾼 발레 〈사계〉 글라주노프의 또 다른 발레 작품 중에 〈사계〉라는 작품이 있습니다. 단막 발레로 겨울, 봄, 여름, 가을로 구성돼 있죠. 이 작품은 원래 프티파가 드리고에게 의뢰한 작품이었어요. 동시에 글라주노프에게는 〈할리퀴네이드〉 작곡을 의뢰했죠. 드리고와 글라주노프는 동료이자 친한 친구 사이였답니다. 이 둘은 허물없이 자신들이 의뢰받은 작품에 대해 함께 고민하다가 서로에게 주어진 발레 주제에 흥미를 느낍니다. 글라주노프는 자신이 의뢰받은 〈할리퀴네이드〉의 주제가 드리고와 어울린다고 생각했어요. 〈할리퀴네이드〉의 작품 배경이 이탈리아였고, 드리고는 이탈리아 출신, 그리고 이탈리아의 다양한 오페라 레퍼토리를 지휘한 경험이 있었기 때문이죠. 결국 의뢰받은 서로의 작품을 맞바꾸어 드리고가 〈할리퀴네이드〉를 작곡하고, 글라주노프가 〈사계〉를 작곡했습니다. 작품이 제 주인을 찾은 셈이었어요.

〈사계〉는 단어 뜻 그대로 사계절을 나타내는 네 곡으로 구성됐습니다. 특이하게도 봄이 아닌 겨울이 먼저 등장합니다. 겨울을 중요하게 생각하는 러시아의 계절 의식이 드러나는 대목이죠. 각 신의 제목은 '겨울의 풍경', '꽃들로 덮힌 풍경', '밀밭에 번지는 풍경', '가을의 풍경'이에요. 제목과 같이 풍경을 그려내는 글라주노프의 감각적인 묘사와 계절의 색채감 표현, 매력적인 멜로디와 풍성한 화성이 특징적인 작품입니다. 특히 '가을'에는 무척 아름다운 아다지오가 등장합니다. 독립된 악장으로도 연주하는 레퍼토리입니다. 낙엽이 떨어지는 진하고 깊은 가을 산책길에서 글라주노프의 가을 감성을 느껴볼까요?

〈사계〉 중 4악장 가을 'Petit adagio'

글라주노프가 30대 초반 만들어낸 세 편의 발레는 분명 대중을 사로잡기 충분했어요. 하지만 발레와의 인연이 계속 이어

지지 않은 것에는 아쉬움이 남습니다. 혹자는 그가 더 이상 발레 음악을 작곡하지 않았던 이유를 프티파와의 협업으로 인한 피로와 마음의 부담으로 해석하기도 합니다. 음악적으로 까다로웠던 프티파의 요구에 맞추어 작곡하는 과정은 이제 막 자신의 음악 세계를 펼치고자 했던 젊은 글라주노프에게 쉽지 않은 일이었겠죠. 그가 더 많은 발레 작품에 참여했더라면 얼마나 더 우아하고 근사한 발레 음악이 탄생했을지 상상해봅니다.

course 8

이 정도는 돼야 센세이션,
스트라빈스키

#불새 #봄의 제전 #페트루슈카

Igor Stravinsky
1882~1971

*

> "이 작품이 일으킨 악평에 대해 말하는 것을 사양하겠다.
> 이미 너무 많이 논했기 때문이다."
>
> —스트라빈스키 자서전 중, 〈봄의 제전〉에 대한 회고

자, 긴장하지 말고 이 센세이션한 산책길을 함께 걸어요.

발레 음악의 센세이션 대학 시절 음악사를 공부하며 스트라빈스키의 〈봄의 제전〉을 처음으로 들었습니다. 그때 얼마나 충격을 받았는지 몰라요. 음악만 듣고는 도대체 이 음악에 맞춰 어떻게 발레 무용수들이 춤을 추고 연기를 한다는 것인지 궁금했거든요. 발레의 고전적 아름다움과는 멀게 느껴지는 음악이었죠.

담당 교수님께서 한 파트를 들려주면서 이게 몇 분의 몇 박자냐고 물었어요. 아마 '처녀들의 춤' 부분이었던 것 같아요. 몇 박자의 음악인지 도통 셀 수가 없었답니다. 나중에 악보를 보고 나서야 이해할 수 있는 불규칙한 변박자의 곡이었어요. 하지만 발레 음악이라는 것만 빼고 음악 자체는 꽤 신선하고 흥미로운 곡이었습니다. 자주 듣다 보니 이 불규칙한 리듬이 오히려 리드미컬하게 들리기도 했으니까요.

21세기에 스트라빈스키를 처음 접한 스무 살 대학생도 이런

반응이었거늘, 하물며 당시의 파리 사람들은 이 발레 음악을 어떻게 생각했을까요?

카멜레온 스트라빈스키

역사상 이런 센세이션을 불러일으킨 발레 작품이 또 있을까 싶어요. 스트라빈스키의 〈봄의 제전〉의 초연이 이루어지고 있었던 1913년 5월 29일, 파리의 샹젤리제 극장에서 일어난 관객 소동은 무용사와 음악사에 길이 남을 만한 사건이었습니다. 스트라빈스키는 자신의 자서전을 통해서도 그날의 폭동을 회고하며 앞서 소개한 것처럼 자신의 심정을 밝혔죠. 너무 많은 논란 속에 진절머리가 났을 스트라빈스키의 모습이 떠오르네요.

그렇다면 스트라빈스키는 이런 센세이션한 음악만 만든 작곡가였을까요? 아니요. 드물게도 그는 20세기의 예술 사조에 따라 각양각색의 음악들을 만들어낸 작곡가였어요. 스트라빈스키의 음악 스타일은 크게 세 시기로 나뉩니다. 초기에는 민족주의와 원시주의 음악, 그리고 중기에는 신고전주의 음악을 작곡했죠. 후기에는 음렬주의 음악[1]과 종교 음악을 작곡했답니다.

20세기의 대표적인 현대 작곡가 메시앙은 스트라빈스키를 '카멜레온 작곡가'라고 표현했어요. 그 어느 시대보다 시시각각 다양하고 독창적인 사조의 출현이 많은 20세기를 살아간 작곡가답게, 그의 음악은 카멜레온처럼 변신에 변신을 거듭했죠. 발레 음악 역시 다양한 사조의 작품들을 남겼습니다. 대표작으로

---

[1] 아놀드 쇤베르크(Arnold Schönberg)가 창안한 12개의 반음계의 음렬을 사용한 작곡 기법으로, 작곡가가 음의 순서를 임의로 정하여 새로운 음계로 작곡한 음악을 말한다.

는 민족주의가 드러나는 〈불새〉, 〈페트루슈카〉, 〈봄의 제전〉과 〈결혼〉이라는 작품이 있고, 신고전주의 작품인 〈병사의 이야기〉, 〈풀치넬라〉, 〈뮤즈를 인도하는 아폴론〉, 〈카드놀이〉와 12음 기법을 사용한 음렬주의 작품인 〈아곤〉 등이 있습니다.

이번 산책에서는 가장 대표작으로 꼽는 3대 발레 〈불새〉, 〈페트루슈카〉, 〈봄의 제전〉을 만나보도록 할게요. 그 전에 먼저 스트라빈스키의 삶에 대해 이야기해볼까요?

법률학교 출신 음악가

스트라빈스키는 1882년 러시아 상트페테르부르크 근교의 작은 마을에서 태어났어요. 폴란드계였던 아버지는 상트페테르부르크 오페라 극장의 베이스 가수였죠. 스트라빈스키는 자연스럽게 음악을 접할 수 있는 환경에서 태어났지만 유년 시절 별다른 음악 교육은 받지 않았어요. 단지 집에 있는 피아노를 놀이 삼아 즉흥연주를 즐겨하곤 했죠.

열한 살 때 어머니와 함께 마린스키 극장에 가서 차이콥스키가 지휘하는 모습을 보고 음악가의 꿈을 키우며 음악원에 입학하고 싶었지만, 이를 반대한 아버지는 스트라빈스키를 법률 학교에 입학시킵니다. 차이콥스키의 아버지가 그랬던 것처럼요.

법률 공부에 전혀 흥미를 느끼지 못한 탓에 스트라빈스키의 음악에 대한 관심과 흥미는 더 커져만 갔어요. 음악회장을 열심히 다니고 화성학과 작곡법을 독학하며 음악에 대한 열정을 놓지 않았죠. 그 무렵 아버지가 돌아가시게 됐고 스트라빈스키는 본격적으로 음악 공부를 하기 시작합니다.

스트라빈스키는 코르사코프에게 관현악법, 작곡법, 화성학 등을 배웠습니다. 그래서 스트라빈스키의 초기 작품에는 스승의 영향을 받아 풍성한 음색의 관현악법과 민족주의적 성향이 나타나요. 대표적으로 〈불꽃〉이라는 초기 작품이 있습니다. 이 작품이 좋은 평가를 받으며 당시 최고의 공연 기획자로 정평이 난 발레뤼스(Ballet Russes)의 디아길레프 눈에 띄게 됐죠.

디아길레프와의 인연

디아길레프는 무용뿐만 아니라 미술, 음악, 문학 등 모든 예술 분야에 탁월한 통찰력을 가지고 공연을 기획하고 흥행시키는 천재 프로듀서였어요. 당시 그가 이끄는 발레뤼스는 당대 뛰어난 안무가, 음악가, 의상 디자이너, 미술가들과의 협업으로 이루어졌죠. 피카소와 샤넬도 그와 함께 협업했었다는 사실! 그는 자신의 발레 작품을 통해 다양한 예술가들이 함께 만들어내는 종합 예술로서의 가치를 높여놓았습니다. 그리고 20세기의 모던 발레의 기초가 되는 훌륭한 작품을 만들어 전 세계에 알렸어요. 각국 발레의 발전에 기여한 대단한 인물이랍니다.

디아길레프는 늘 새롭고 재능 있는 예술가를 찾고 있었어요. 그중 음악은 더욱 중요했죠. 스트라빈스키의 〈불꽃〉을 들은 디아길레프는 그의 재능을 알아봤어요. 디아길레프는 재능 있는 신예 작곡가인 스트라빈스키에게 러브콜을 보냅니다. 그러고는 제일 먼저 발레 음악 편곡을 맡겼어요. 스트라빈스키는 기존의 발레곡을 관현악곡으로 편곡하는 작업을 시작했습니다. 이때 편곡한 작품이 바로 〈레 실피드〉입니다. 쇼팽의 곡으로 구성된

〈쇼피니아나〉의 새로운 버전이었어요. 역시나 스트라빈스키의 편곡은 디아길레프를 만족시켰습니다.

그리고 드디어 〈불새〉라는 작품의 작곡을 스트라빈스키에게 의뢰하면서 본격적인 발레 음악 작곡의 길을 열어주었습니다. 〈불새〉의 초연은 성공적이었고, 스트라빈스키는 스타 작곡가 반열에 올랐습니다. 〈불새〉의 오케스트레이션에 관객들과 평론가들은 극찬을 아끼지 않았죠. 첫 발레 작품의 성공으로 디아길레프와의 발레 작업은 계속됐습니다. 스트라빈스키의 3대 발레인 〈불새〉, 〈페트루슈카〉, 〈봄의 제전〉이 모두 디아길레프와 함께 만들어나간 작품이에요. 그 외에도 〈결혼〉, 〈풀치넬라〉 등의 작품을 디아길레프와 함께 만들었죠.

스트라빈스키는 명실상부 발레뤼스의 대표 작곡가로서 당시 큰 인기를 누렸습니다. 덕분에 20세기를 대표하는 작곡가이자 발레 음악 작곡가, 음악사와 무용사에 큰 획을 그은 인물로 평가받고 있어요.

출세작 〈불새〉

스트라빈스키는 디아길레프의 의뢰로 〈불새〉를 작곡한 후 이 작품의 초연을 보기 위해 파리로 향합니다. 1910년 그렇게 발레와 함께 파리에서의 삶이 시작됐어요. 〈불새〉는 포킨이 대본과 안무를 만든 작품이에요. 이때부터 안무가나 음악가가 대본을 직접 구상하기도 하며 더욱 적극적으로 작품에 개입하게 됐답니다.

이 작품은 본래 글라주노프에게 처음 의뢰했다가 거절당하고 아나톨리 리아도프(Anatoly Konstantinovich Lyadov)라는 작곡가에게 넘어간 것이었어요. 하지만 작곡이 진척되지 않자 디아길레프는 급히 신예 작곡가 스트라빈스키를 찾았죠. 디아길레프의 작곡 의뢰를 받아들인 스트라빈스키는 촉박한 마감 기한 때문에 걱정했지만 이 작업을 매우 즐겁고 영광스럽게 생각하며 기한 내에 마무리했습니다. 안무가였던 포킨과 긴밀하게 연락을 주고받으며 작품의 완성도를 높여나갔고, 먼저 완성된 파트마다 안무 연습에 들어갔어요. 주역으로는 안나 파블로바(Anna Pavlovna Pavlova)를 캐스팅 했으나 파블로바는 음악이 어렵다는 이유로 거절했다고 합니다. 그러나 〈불새〉의 초연은 대성공이었습니다. 스트라빈스키는 일약 스타덤에 오르죠. 〈불새〉는 스트라빈스키에게 출세작이 됐습니다.

〈불새〉는 러시아의 전설을 소재로 만들어진 작품입니다. 〈불새〉의 악보에는 '포킨에 의해 각색된 두 악장의 러시아 전래 이야기'라는 부제가 적혀 있어요. 동슬라브 지방에서 전해내려 오던 마법의 황금 깃털을 가진 '불새'에 관한 이야기입니다. 이를 바탕으로 포킨의 각색이 더해졌어요. 극의 내용에 부합하는 음악적 상상력으로 신비스러운 음형의 모티브와 악기들의 새로운 테크닉들이 총동원된 작품이에요. 당시 관객들이 극찬했던 포인트가 바로 오케스트레이션이었습니다. 현악기의 하모닉스[2] 아르페지오, 타악기와 첼로의 피치카토, 하프의 글리산도[3], 세 대의 플루트의 글리산도 등의 독특한 오케스트레이션과 더불어 극적인 셈여림, 신비스러운 음형, 반음계의 유려한 사용, 러시아 민요의

---

[2] 현 위에 가볍게 손을 올려 연주해 배음을 만들어내는 연주 기법으로, 부드럽고 투명한 소리가 난다.

[3] 급속한 음계에 의해 미끄러지듯이 연주하는 기법

재해석 등이 돋보입니다. 〈불새〉에 나타나는 판타지적 표현은 마치 신비스러운 세계를 여행하는 듯한 느낌을 줍니다. 마치 영화 〈해리포터〉의 한 장면처럼요.

〈불새〉 중 '불새의 춤'

익살스러운 비극 〈페트루슈카〉 〈불새〉의 성공으로 스트라빈스키는 발레뤼스의 대표 작곡가로 단번에 자리매김하게 됩니다. 그리고 곧이어 새 작품의 작곡에 착수했어요. 바로 〈페트루슈카〉입니다. 스트라빈스키는 〈불새〉의 초연 후 스위스에 머물며 새로운 작품을 작곡하던 중이었습니다. 바로 피아노와 관현악을 위한 콘체르토 형식의 곡이었어요. 때마침 스위스에 방문한 디아길레프는 이 곡을 듣고 발레로 만들 것을 권유했습니다. 디아길레프의 요청을 승낙한 스트라빈스키는 알렉산드르 베누아(Aleksandr Nikolaevich Benua)와의 대본 협업으로 총 4장 구성의 발레를 만들었습니다. 포킨이 안무를, 니진스키가 주인공 페트루슈카 역을 맡았죠. 결과는 〈불새〉의 초연 때보다 더 뜨거운 반응과 호평을 받았답니다. 음악을 모두 이해하기엔 난해했지만, 극의 독창성과 안무의 신선함, 바슬라프 니진스키(Vaslav Nijinskii)의 연기와 춤이 관객들을 매료시켰어요.

이 작품은 러시아의 꼭두각시 인형 '페트루슈카'를 소재로 한 발레예요. 스트라빈스키는 〈페트루슈카〉의 악보에 이런 부제를 적어 놓았습니다. '포킨에 의해 각색된 네 악장의 부를레스크[4] 풍발레'. '페트루슈카'는 겉으로는 피에로처럼 웃고 있지만 슬픈 내면과 비참한 운명을 지닌 캐릭터죠. 당시 러시아 농민을 상징하는 사회 풍자 요소를 지닌 작품이라고 할 수 있습니다. 인형들의 딱딱하고도 독특한 움직임, 페트루슈카의 내면 연기, 비극적 결말, 해학적 메시지 등이 펼쳐집니다. 19세기의 아름다운 전통 발레의 형태는 찾아볼 수 없는 본격적인 현대 발레 작품이었죠. 스트라빈스키 또한 점점 고전을 벗어나는 오케스트레이션과 작곡 기법으로 20세기 현대 음악의 선발주자 역할을 톡톡히 해냈습니다.

음악도 부를레스크 〈페트루슈카〉는 그의 3대 발레 중에서도 민족주의 경향이 가장 잘 나타나는 작품입니다. 극의 배경이 바로 러시아의 상트페테르부르크의 광장이에요. 사육제를 소재로 1장과 4장에 걸쳐 러시아의 민속춤과 민속 무곡이 등장합니다. 스트라빈스키는 이 민속 무곡을 독창적인 작곡 기법으로 풀어냅니다. 모티브를 진행시키기보다 반복을 통한 단순하고 단편적인 흐름으로 이어갔죠. 이는 오스티나토 기법[5]을 사용함으로써 더욱 도드라집니다.

이 작품에서 유래된 독특한 작곡 기법의 애칭이 있습니다. 일명 '페트루슈카 조'라 불리는 C장조와 F#장조의 더블 조성의 사용입니다. 이 '페트루슈카 조'는 2장 '페트루슈카의 방'에서 나타납니다. '증 4도'의 두 개의 어울리지 않는 조성이 교묘하고 대담

---

[4] 해학극
[5] 일정한 음형을 같은 음 높이로 반복해서 연주하는 기법

하게 섞여 등장합니다. 마치 〈톰과 제리〉 같은 유머러스한 애니메이션의 음악처럼 재미있게 들린답니다. 또한 원래 피아노와 관현악을 위한 콘체르토 형식으로 작곡했던 곡이기 때문에 피아노의 화려한 연주는 기존 발레곡에서 느낄 수 없었던 신선함을 안겨줍니다.

3장 '무어인의 방'에서는 발레리나와 무어인의 듀엣 춤에 왈츠 음악이 등장합니다. 이 왈츠 음악은 19세기 초에 활동한 작곡가인 요제프 라너(Joseph Lanner)의 비엔나 왈츠를 차용했어요. 단순한 선율의 왈츠인데요, 여러 음형의 악기들이 따로 노는 것처럼 더해져 스트라빈스키의 독창적인 부를레스크 표현법을 엿볼 수 있습니다. 이에 우스꽝스러운 몸짓으로 춤추는 두 인형의 움직임도 한몫 거듭니다.

이 작품의 마지막 장면은 페트루슈카가 죽은 후 그의 영혼이 지붕 위에서 절규하는 장면으로 끝이 납니다. 이 장면의 아이디어를 스트라빈스키가 냈다고 해요. 게다가 '페트루슈카'라는 인형의 이름을 생각해낸 것도 스트라빈스키의 아이디어였다는 사실! 작곡가가 작품 제작 과정에 적극적으로 개입하는 좋은 예가 될 수 있겠네요.

단순한 리듬이지만 변박의 사용, 단순한 선율이지만 불협화음의 사용, 밝은 장조의 음악이나 다소 음울한 음색의 표현 등 익살스럽지만 비극으로 끝나버리는 대조적 표현의 〈페트루슈카〉였습니다.

샹젤리제 극장의 대소동

영화 〈샤넬과 스트라빈스키〉의 첫 장면은 〈봄의 제전〉의 초연 당시의 상황으로 시작됩니다. 공연이 시작되자 술렁이는 객석, 야유를 보내며 비웃는 사람들, 소리 지르며 욕하는 사람들, 아예 객석을 뜨는 사람들, 하지만 다른 한편에서 누군가는 "브라보!"를 외칩니다. 안무가였던 니진스키는 무대 옆에서 소리를 지르며 박자를 세고 있고, 디아길레프는 이 소동을 잠재우기 위해 조명기사에게 조명을 껐다 켜기를 반복하라고 지시합니다. 결국 경찰이 출동하는 지경에 이릅니다. 이 난리 통에도 무용수와 오케스트라는 흔들리지 않고 무대를 이어가죠. 영화 속 장면은 실제로 일어난 일이랍니다. 심지어 스트라빈스키 본인의 자서전에도 자세히 기록돼 있어요. 공연 역사상 가장 큰 대소동으로 남은 희대의 사건입니다.

그렇다면 도대체 무엇이 당시 관객들을 이토록 흥분시켰을까요? 〈봄의 제전〉은 봄의 신에게 처녀를 산 제물로 바친다는, 조금은 야만적인 내용이었어요. 니진스키의 안무는 발레라고는 보기 힘든 기괴하고도 원시적인 움직임이었습니다. 게다가 거추장스러운 무대 의상까지도요. 우아하고 세련된 파리지엥들이 받아들이기엔 너무나 충격적이었죠. 물론 스트라빈스키의 음악도 한몫했습니다. 어떤 음악이었을까요?

리듬의 시대를 열다   스트라빈스키의 3대 발레 중에서도 가장 유명한 그의 대표작이죠! 〈봄의 제전〉의 음악이 갖고 있는 독창성은 바로 리듬에 있답니다. 당시 야수파[6]의 예술사조에 영감을 받았던 스트라빈스키는 음악에도 원색적이고 거침없는 과감함을 발휘합니다. 이러한 특성이 바로 리듬으로 표출됐어요. 이 작품을 일컬어 '리듬의 혁명'이라고도 하죠.

그렇다면 리듬이란 무엇일까요? 리듬은 '흐르다'는 뜻의 동사 'rhein'을 어원으로 하는 그리스어 'rhythmos'에서 유래했어요. 즉, 소리의 흐름, 그 흐름의 질서라고 할 수 있어요. 스트라빈스키는 이 질서를 깨뜨렸습니다. 리듬을 규정하는 음의 길이가 매우 불규칙한 질서를 가지고 흐르죠. 거기에 계속해서 변화하는 박자와 악센트의 불규칙한 사용까지 더해졌어요. 이 예측 불가능한 흐름은 강한 역동성을 만들어냅니다. 스트라빈스키는 자신의 자서전을 통해 이 작품에 대해 '리듬적인 집합 운동'이라고 표현했어요. 이런 불규칙한 리듬이 나름의 조직된 집합을 가지고 움직인다는 것이죠. 불규칙해 보이기 위해 변박과 음의 높낮이, 강세를 사용했으나 큰 덩어리로 보면 나름의 운동감, 즉 규칙이 있다는 뜻으로 해석할 수 있습니다.

이러한 독창성 있는 리듬에 더 극적인 효과를 더하는 게 바

---

[6]   미술계에서 일어난 예술 경향으로, 강렬한 원색의 사용과 거침없는 표현이 특징적이다. 대표 작가로는 앙리 마티스(Henri Matisse)가 유명하다.

로 오케스트레이션이에요. 보통 오케스트라에서 현악기는 선율을 연주하는 메인 악기로 분류됩니다. 하지만 스트라빈스키는 현악기가 선율이 아닌 리듬을 연주하도록 했어요. 반대로 선율은 관악기가 연주합니다. 전통의 관습을 깬 오케스트레이션이죠. 리듬을 연주하는 현악기군은 마치 타악기가 된 것처럼 거침없고 대담한 음향을 만들어냅니다. 여기에 불협화음과 신비로운 선율이 더해져 극의 분위기가 더욱 극대화됩니다.

 〈봄의 제전〉 1막 | 처녀들의 춤

〈봄의 제전〉에 도전하다

이처럼 시끌벅적한 초연이 있고 나서 3년 후, 초연의 지휘를 맡았었던 지휘자 피에르 몬테(Pierre Monteux)가 파리에서 다시 〈봄의 제전〉을 관현악곡으로 무대에 올렸습니다. 이때 관객들로부터 뜨거운 박수갈채를 받았어요. 발레의 초연과는 달리 상당히 긍정적인 반응이었죠. 스트라빈스키는 매우 감동을 받았다고 합니다. 〈봄의 제전〉이 그제야 제대로 된 평가를 받기 시작한 것이죠. 사실 초연 때도 음악에 대한 비판보다는 극의 내용과 안무에 대한 비판이 더 컸기에, 오히려 음악의 진가가 제대로 평가 받지 못한 면이 있었어요. 스트라빈스키 본인도 발레의 그늘에 음악이 가려졌다고 생각했죠. 이 작품이 명맥을 이어온 것은 바로 발레가 아닌 음악 때문이라 해도 지나치지 않을 겁니다.

오늘날에도 〈봄의 제전〉은 발레보다는 주로 연주회용 음악으로 더 자주 무대에 올려지고 있어요. 많은 오케스트라들이 이 곡에 도전합니다. 초연을 위해 스트라빈스키는 100번도 넘게 리허설을 했다고 해요. 그만큼 연주의 난이도가 있는 작품이죠. 관현악 레퍼토리로서의 〈봄의 제전〉은 20세기 본격 모더니즘 스타일을 확립한 주요 명곡으로 음악사에서도 의미 있는 작품으로 꼽힙니다. 〈봄의 제전〉은 무용과 음악 모두 모더니즘의 시작과 확장으로 이어지는 의의를 갖죠.

이 작품은 많은 안무가들이 계속해서 도전하고 있는 작품이기도 합니다. 마사 그레이엄(Martha Graham), 모리스 베자르(Maurice Bejart), 피나 바우쉬(Pina Bausch), 이본 레이너(Yvonne Rainer) 등 20세기 현대 안무가들은 이 음악을 놓치지 않았습니다. 마치 안무가의 등용문과 같은 작품이에요. 우리나라에서도 국립 발레단이 글렌 테틀리(Glen Tetley) 안무 버전으로, 국립 현대무용단이 안성수의 안무로 이 작품을 무대에 올렸습니다. 아마 가장 많은 안무 버전을 갖고 있는 음악이지 않을까 싶어요. 무궁무진한 움직임의 아이디어를 창출시키는 음악이 분명합니다.

〈불새〉부터 〈아곤〉까지

스트라빈스키는 1914년 제1차 세계대전이 발발해 이탈리아, 스위스 등으로 피난을 다녔고, 1934년 프랑스로 귀화했습니다. 또 제2차 세계대전의 발발로 1938년에 미국으로 건너가게 됩니다. 1971년, 피아노 건반과도 같은 그의 나이 여든여덟 살에 뉴욕에서 숨을 거둡니다.

스트라빈스키는 이렇게 불안한 국제 정세 속에서 여러 나라들을 떠돌아다니며 변화에 변화를 거듭한 다양한 스타일의 작곡을 시도했어요. 하지만, 음악 스타일은 카멜레온처럼 변할지언정 발레에 대한 애정은 그의 평생에 걸쳐 꾸준히 한결같았죠. 1910년 첫 발레 〈불새〉부터 1957년 마지막 발레 〈아곤〉까지, 평생에 걸쳐 꾸준히 발레를 놓지 않았습니다. 그의 발레 작품들만 보아도 20세기의 다양한 예술 사조의 흐름을 엿볼 수 있다는 건 매우 흥미로운 일입니다. 합창 음악으로 작곡된 민족주의 경향의 발레 〈결혼〉, 독특한 소규모 실내악 편성의 재즈 기법이 가미된 〈병사들의 이야기〉, 18세기 이탈리아 작곡가 페르골레지의 음악을 소재로 한 신고전주의 작품의 정수 〈풀치넬라〉, 12음기법으로 작곡된 음렬주의 음악 〈아곤〉 등이 있지요. 그의 발레 음악이 곧 20세기 음악의 역사입니다.

스트라빈스키의 발레 음악은 우리가 생각하는 발레 음악의 고전적인 아름다움과는 멀 수 있어요. 하지만 춤과 음악을 새로운 시각으로 듣고 볼 수 있도록 그 지평을 넓혀주었습니다. 이 넓고 무한한 스트라빈스키의 음악 세계에서 발레를 만날 수 있다니, 정말 행운이 아닌가요?

course 9

음악이 다 했다,
프로코피에프

#로미오와 줄리엣 #신데렐라

Sergei Prokofiev
1891~1953

음악에 취해 발레에 빠져들게 하는 발레 작품!
프로코피예프의 〈로미오와 줄리엣〉이라면 가능해요.
이번 산책길은 로맨틱하고도 환상적이랍니다.

**무용수들의 로망
'로미오'와 '줄리엣'**

프로 무용수들이 꼭 한 번 해보고 싶은 역할 중 하나가 바로 '로미오'와 '줄리엣'이라고 합니다. 로맨틱 발레의 대명사죠. 그리고 그 이유로 다름 아닌 '음악'을 꼽습니다. "음악이 너~무 좋다" 라고 입을 모으는 프로코피예프의 발레 음악은 과연 무엇이 다른 걸까요? 오페라, 뮤지컬, 영화 등 장르 불문하고 오래도록 전 세계인들의 마음을 매료시킨 셰익스피어의 이 비극적인 사랑 이야기를, 발레이기에 더 돋보일 수 있도록 만들어준 프로코피예프를 만나보겠습니다.

프로코피예프와 어머니

프로코피예프는 1891년 우크라이나에서 태어났어요. 피아니스트였던 어머니의 영향으로 어려서부터 어머니가 연주하던 피아노 음악을 들으며 자랐죠. 어머니에게 피아노를 배우고 함께 연주하는 등 자연스러운 조기 음악 교육과 함께 유년 시절을 보냈습니다. 프로코피예프는 피아노와 작곡에서 두각을 나타내기 시작했어요. 다섯 살 때 처음으로 작곡한 곡을 피아노로 연주했는데, 그 곡을 어머니가 채보해 〈인도의 갈롭〉이라는 제목을 붙여주었죠. 프로코피예프의 재능을 알아본 어머니는 여름방학 때마다 우크라이나와 모스크바를 오가며 음악 레슨을 받게 했어요. 그리고 열세 살의 아들을 상트페테르부르크 음악원에 입학시키죠. 프로코피예프는 상트페테르부르크 음악원에 재학하는 동안 〈피아노 소나타 1번〉, 〈피아노 협주곡 1번〉과 〈2번〉 등을 작곡해 출판하는 등, 이미 피아니스트이자 작곡자로서 월등한 실력을 보이며 음악원을 당당히 수석으로 졸업하게 됩니다.

발레와의 인연에도 역시나 어머니의 영향이 있었어요. 프로코피예프는 여덟 살에 어머니 손에 이끌려 모스크바에서 다양한 공연들을 관람하게 됩니다. 이때 난생처음 발레를 보게 됐어요. 바로 차이콥스키의 〈잠자는 숲속의 미녀〉였습니다. 어린 프로코피예프의 예술적 견문을 넓히는 특별한 시간이었죠. 또, 성인이 되어서는 음악원 졸업을 앞두고 어머니와 단둘이 유럽을 여행할 기회가 있었습니다. 이때 파리에서 디아길레프의 발레뤼스 공연을 보게 됩니다. 이때 본 공연이 〈페트루슈카〉, 〈다프니스와 클로에〉, 〈세헤라자데〉였다고 해요. 다양한 공연을 보며 예술적 공감이 가능했던 모자였죠.

이렇듯 프로코피예프의 유년 시절과 성장 과정에는 유난스러울 만큼 어머니의 적극적인 지지가 있었답니다. 그도 그럴 것이 프로코피예프가 태어나기 전에 두 명의 누나가 있었지만 모두 병으로 일찍 죽었다고 해요. 그래서 첫 아들이자 막내 외아들인 프로코피예프는 부모님의 큰 사랑과 정성 속에 자라게 된 것이죠. 게다가 피아니스트였던 어머니는 아들의 재능을 일찍 발견하고 좋은 교육을 받을 수 있도록 다양한 경험을 하게 해주었습니다.

프로코피예프의 발레 작품

프로코피예프의 첫 발레 음악은 어떤 작품이었을까요? 프로코피예프가 상트페테르부르크 음악원을 졸업하던 해, 런던에서 디아길레프를 만나 처음으로 음악 작곡을 의뢰받았습니다. 바로 〈알리와 롤리〉라는 작품이었어요. 하지만 안타깝게도 디아길레프가 이 음악을 좋아하지 않았죠. 이미 작곡한 곡을 그냥 버릴 수는 없어 전곡 중 네 곡을 선곡해 연주회용 음악인 〈스키타이 모음곡〉으로 만들었습니다. 이 곡은 현재까지도 연주되는 프로코피예프의 대표적인 관현악곡이 됐답니다.

이후 다시 디아길레프의 권유로 〈어릿광대〉라는 발레 음악을 작곡했어요. 이 작품이 바로 발레로 공연된 첫 작품이었습니다. 러시아 민요의 선율을 차용한 모더니즘 성격의 작품이었죠. 프로코피예프의 대표적인 발레 〈로미오와 줄리엣〉과 〈신데렐라〉 외에도 우랄 민요를 바탕으로 만든 〈석화〉라는 작품이 있습니다. 이 작품의 완성을 앞두고 프로코피예프는 세상을 떠났습니다. 그가 죽은 다음해 1954년 볼쇼이 극장에서 초연돼 성공을 거두었죠.

〈로미오와 줄리엣〉 전과 후

프로코피예프는 20세기 초 격동의 러시아(당시 소련)를 경험한 인물이었어요. 1917년 러시아 혁명이 일어났고 그는 미국으로의 망명을 선택했습니다. 미국에서는 〈피아노 협주곡 3번〉, 오페라 〈세 개의 오렌지의 사랑〉 등을 작곡했으나 좋은 평을 얻지 못했고, 오히려 피아니스트로 활동하며 입지를 다져가는 듯했습니다. 하지만 약 3년의 미국 생활 후 돌연 파리행을 선택했어요. 1920년 파리로 건너가서 16년의 세월을 그곳에서 보냈습니다. 이때 디아길레프와의 작업으로 〈강철의 걸음걸이〉, 〈방랑아〉 등의 발레 음악을 작곡했죠. 이때까지만 해도 프로코피예프의 음악은 서유럽 모더니즘의 영향을 받아 진취적인 스타일을 향해 있었고, 프로코피예프만의 그로테스크하고도 복잡한 불협화음이 돋보이는 음악을 만들어냈습니다.

1936년, 프로코피예프는 다시 러시아로 귀향합니다. 스탈린 체제가 시작된 당국의 귀국 종용이 있었고 프로코피예프 본인도 예술적 전환의 필요를 직감했기에 새로운 출발로 고국행을 선택했죠. 프로코피예프는 고국으로 돌아가 영화 음악 〈키제 중위〉, 발레 〈로미오와 줄리엣〉, 〈신데렐라〉, 어린이를 위한 음악극 〈피터와 늑대〉 등을 작곡했어요. 당시 작곡가들은 나라로부터 소위 '러시아다운, 러시아를 위한' 작품을 쓰기를 권고받았습니다. 그 때문에 좀 더 대중이 이해하기 쉬운 음악을 작곡해야만 했습니다. 프로코피예프 역시 그동안 추구했던 서유럽의 모더니즘과 러시아의 현실주의 사이에서 음악적 갈피를 잡지 못해 고민에 빠져 있었는데, 오히려 이러한 변화와 규제에 순응해 예술 세계의 터닝 포인트를 삼았습니다.

그 결과 다시 돌아온 고국에서의 첫 작품으로 〈로미오와 줄리엣〉과 같은 낭만적인 음악을 만들어냈어요. 확실히 이전의 음악과는 다른 스타일이었죠. 프로코피예프는 〈로미오와 줄리엣〉을 통해 모더니즘에서 낭만주의로 시대를 역주행하는 '성공적인 후퇴'를 했습니다. 그렇기 때문에 프로코피예프 본인에게 있어서도 〈로미오와 줄리엣〉은 매우 중요한 의의를 갖는 작품입니다. 그의 음악은 〈로미오와 줄리엣〉 전과 후로 나뉜다 해도 과언이 아니죠.

음악으로 먼저 인정받은 〈로미오와 줄리엣〉

〈로미오와 줄리엣〉은 원래 키로프 극장(오늘날의 마린스키 극장)의 의뢰로 레닌그라드 발레학교 창립 200주년을 기념해 올릴 작품이었어요. 하지만 프로코피예프의 음악이 어려워 춤에 맞지 않다는 이유로 계획이 무산됐습니다. 열심히 만든 음악을 묻히게 할 수 없었던 프로코피예프는 주요 곡들을 편집해 두 개의 관현악 모음곡으로 만들어 음악회에서 발표했습니다. 〈스키타이 모음곡〉 때처럼요.

관현악곡으로서의 〈로미오와 줄리엣〉은 관객들의 극찬을 받았어요. 이렇게 음악이 먼저 인정받게 되자 이 음악의 진가를 알아본 체코의 브루노 국립 극장의 요청으로 〈로미오와 줄리엣〉을 발레로 만들게 됐습니다. 체코에서의 초연은 성공적이었어요. 그러자 키로프 극장 측은 〈로미오와 줄리엣〉의 공연을 재요청하게 됐죠. 이렇게 돌고 돌아 어렵사리 성사된 러시아에서의 초연도 역시나 성공적이었습니다. 이후 재안무된 케네스 맥밀란(Kenneth MacMillan) 버전이 가장 흥행해 지금도 여전히 세계인들의 사랑을 받는 발레 레퍼토리가 됐죠.

음악이 다 했다 확실히 〈로미오와 줄리엣〉은 이전의 고전 발레 음악과는 다른 현대적 화성과 진행, 역동성이 돋보여요. 하지만 프로코피예프는 그 무엇보다 작품의 서정성에 제일 큰 노력을 기울였다고 합니다. 대중적인 음악을 만들어야 했던 사회적 이유와 더불어 극에 대한 이해도가 그러했던 것이죠. 무엇보다 사람들에게 공감을 불러일으키면서도 마음을 녹일 수 있는 음악을 만들고 싶어 했어요. 프로코피예프는 로미오와 줄리엣의 비극적인 죽음보다는 그들의 풋풋하고도 열렬한 사랑과 줄리엣의 감정에 더 집중했습니다. 그리고 서정성을 더욱 부각시키기 위해서 이와 반대되는 격동적인 음악으로 대립시키죠. 극의 내용처럼 '사랑'과 '대립'이라는 주제를 음악으로 표현하려고 했어요. 주인공들의 감정을 최고조로 끌어내는 로맨틱한 선율과 프로코피예프 특유의 그로테스크함이 만들어내는 대립적인 음악이 특징입니다.

프로코피예프는 인물과 사건, 감정에 맞는 반복적인 라이트모티프를 사용했습니다. 두 집안을 표현하는 주제, 로미오와 줄리엣의 사랑 주제, 그리고 주변 인물인 머큐시오, 로렌스 신부, 유모를 표현하는 주제 등이 등장하죠. 특히 줄리엣을 표현하는 다양한 주제에 주목할 만합니다. 줄리엣의 소녀 같은 천진난만함, 우아한 여성으로서의 모습, 사랑 앞에 용기 있고 열정적인 모습을 모두 다른 선율로 표현하며 극의 진행에 따른 줄리엣의 감정 변화를 나타냅니다. 줄리엣의 감정 연기가 이 작품의 관건이기도 하죠. 또한 극 전반에 걸쳐 비극을 암시하는 모티브들이 등장하며 극의 흐름을 이끌어갑니다. 이 다양한 모티브들은 마치 퍼즐처럼 극의 흐름과 등장 캐릭터에 따라 유기적, 반복적으로 등장합니다. 조각조각 나뉘어 연결된 모티브들은 하나의 큰 그림을 만들어갑니다.

프로코피예프의 오케스트레이션 역시 세련된 특성을 지닙니다. 보통의 오케스트라 편성에서는 찾아볼 수 없는 특이한 악기들을 사용했어요. 특히 다양한 타악기를 사용했습니다. 팀파니, 큰북, 작은북, 심벌즈 외에도 실로폰, 탬버린, 트라이앵글, 탐탐, 마라카스 등이 등장합니다. 이런 타악기의 효과적인 사용은 리드미컬하면서도 풍성한 사운드를 만들어내죠. 또, 만돌린과 오르간이 사용됐습니다. 극의 배경이 되는 중세 시대를 재현해주는 상징적인 악기랍니다. 잦은 전조와 도약적인 선율, 반복적인 리듬 진행 등이 특징적으로 나타나 극 전반적으로 역동적인 느낌을 주는 작품입니다.

〈로미오와 줄리엣〉은 드라마 발레입니다. 드라마 발레는 발레의 형식과 테크닉보다는 극적인 흐름과 무용수들의 섬세한 감정 연기가 중요하게 부각되는 장르죠. 그래서 음악이 더욱더 중요한 역할을 한답니다. 극을 끌어가는 힘이 여기에 있어요. 로맨틱과 비극, 이 양극의 감정을 이끌어내는 음악의 힘, 바로 〈로미오와 줄리엣〉을 '음악이 좋은 발레'로 꼽는 이유입니다.

〈로미오와 줄리엣〉의 하이라이트는 역시나 둘의 풋풋하고도 열정적인 사랑을 표현하는 '발코니 빠드두' 장면이 아닐까 싶어요. 이 한 곡에 두 주인공의 캐릭터와 극의 메인 테마가 담겨 있습니다. 수많은 무용수들이 사랑하는 이 곡. 발코니 빠드두는 어떤 감성을 담고 있을까요?

〈로미오와 줄리엣〉 1막 |
로미오와 줄리엣의 발코니 빠드두

차이콥스키에게 헌정한 작품,
〈신데렐라〉

〈신데렐라〉는 〈로미오와 줄리엣〉의 초연 후 2년 뒤인 1940년에 작곡하기 시작해 완성하기까지 약 4년이 걸린 작품입니다. 그가 이렇게 이 작품을 오랜 기간에 걸쳐 써야만 했던 이유에는 당시의 사회적인 배경이 있어요. 이 곡을 쓰기 시작했을 무렵, 아내가 스파이 혐의를 받고 체포됐습니다. 프로코피예프까지 의심을 받게 되자 두 사람은 결국 이혼에 이르게 됩니다. 또 제2차 세계대전까지 발발했습니다. 그로 인해 프로코피예프는 동화를 주제로 하는 〈신데렐라〉보다는 전쟁에 관한 소재에 더욱 끌렸어요. 그래서 〈신데렐라〉의 작곡을 잠시 멈추고, 오페라 〈전쟁과 평화〉, '전쟁 소나타'로 불리는 〈피아노 소나타 6번〉, 〈7번〉, 〈8번〉 등을 작곡했습니다.

〈신데렐라〉는 1944년 완성돼 1년 뒤 볼쇼이 극장에서 초연됐답니다. 그리고 차이콥스키를 존경하는 마음을 담아 '위대한 차이콥스키에게'라고 적어 그에게 헌정했어요. 여덟 살에 엄마 손을 잡고 처음 본 차이콥스키의 발레, 그리고 그 차이콥스키 음악의 낭만성을 사랑하고 존경했던 프로코피예프. 자신이 차이콥스키의 뒤를 잇는 러시아 발레 음악가라는 것을 알아서였을까요? 참 멋진 계보를 이렇게 이어갑니다.

시대를 융합한 독창성 〈신데렐라〉는 차이콥스키의 발레 음악에서 느낄 수 있었던 환상적인 동화나라의 색채가 가득합니다. 역시나 돋보이는 프로코피예프의 오케스트레이션은 타악기가 핵심입니다. 우드블록, 글로켄슈필, 종 같은 독특한 타악기의 사용으로 동화 속 판타지의 느낌을 더해줍니다. 거기에 프로코피예프가 만든 신비스러운 불협화음과 반음계적 진행, 도약적 선율로 곡 전체를 채웁니다. 해피엔딩 동화답게 전체적으로 밝은 느낌의 음악들로 넘쳐나는 작품입니다.

그리고 이 작품 또한 〈로미오와 줄리엣〉처럼 음악적으로 양극성을 보입니다. 서정적인 음악과 대립되는 역동적인 음악, 현대적인 화성과 대립되는 고전적인 형식 등을 사용했죠. 특히, 가보트, 파스피에, 부레, 마주르카, 갈롭과 같은 17~18세기의 춤곡 형식을 활용하고 있습니다. 형식과 리듬은 고전적인 춤곡이지만 화성과 선율들은 반대로 모더니즘에 근접해 있습니다. 그리고 '신데렐라와 왕자의 빠드두' 같은 서정적인 음악들은 19세기의 로맨티시즘이 가득 묻어난답니다. 즉, 20세기의 음향, 19세기의 낭만성, 17~18세기의 형식을 아우른, 시대를 융합한 독창성이 돋보이는 작품이죠.

〈로미오와 줄리엣〉과 마찬가지로 〈신데렐라〉에서도 라이트모티프가 사용됐습니다. 각 인물을 상징하거나 사건을 회상하는 장면에서 등장해요. 신데렐라의 주제, 왕자의 주제, 사랑의 주제, 그리고 무도회를 상징하는 왈츠 음악 등이 반복적으로 등장하며 극의 흐름과 이해를 도와준답니다.

〈신데렐라〉도 역시나 연주회용 모음곡으로 만들어졌습니다. 버전이 무려 다섯 개나 된답니다. 관현악 모음곡으로 세 곡, 피아노 모음곡으로 두 곡이에요. 그 외에 '신데렐라와 왕자의 빠드두'를 첼로와 피아노를 위한 곡으로 편곡해 프로코피예프의 피아노 연주로 초연하기도 했었죠.

자, 그럼, 동화 속 신데렐라의 무도회장으로 가서 프로코피예프의 춤 신청에 가벼운 목례로 화답해봅시다.

〈신데렐라〉 2막 │ 그랜드 왈츠

course 10

대중 속으로 들어간 발레 음악,
하차투리안

#가이느 #스파르타쿠스

Aram Khachaturian
1903~1978

*

> 힘 있는 남성 군무가 매력적인 발레〈스파르타쿠스〉.
> 그 에너지를 만들어내는 건 역시나 박진감 넘치는 음악이죠!
> 더욱이 마법의 리듬 제조기 하차투리안과 함께 라면요.

예술가의 정체성 예술가는 작품에 자신의 삶, 신념, 감정, 메시지 등을 담아 그것을 예술로 승화시키곤 합니다. 특히 그들의 나라와 시대, 문화와 환경은 큰 영향을 주는 요인이 됩니다. 자신의 정체성을 형성하는 배경이자 음악의 원동력이 되기도 하죠. 자신의 나라와 사회를 위해 기꺼이 음악적으로 헌신하는 한편, 조국에 대한 정체성을 음악으로 승화시킨 작곡가가 있습니다. 바로〈스파르타쿠스〉를 만든 러시아의 작곡가이자 아르메니아인 하차투리안을 소개합니다.

아르메니아인 하차투리안 하차투리안은 프로코피예프와 마찬가지로 격동의 러시아를 경험한 20세기 러시아의 대표적인 작곡가입니다. 하차투리안은 1903년 조지아에서 태어난 아르메니아인이에요. 아르메니아는 18세기까지 여러 주변 국가들의 지배를 받았지만, 1920년에 독립했다가 1936년에 소비에트 연방공화국(현 러시아)으로 편입된 나라입니다. 하차투리안이 죽고 난 뒤 1991년에 다시 독립하게 됐죠. 이런 배경이 왜 중요할까요? 바로 하차투리안의 음악적 정체성과 깊은 관련이 있기 때문이에요.

하차투리안이 어릴 때 살던 조지아의 티플리스라는 도시는 다문화권의 문화 중심지이자 행정 중심지였어요. 하차투리안은 이러한 다문화 배경 속에서 주변 중앙아시아 나라의 다양한 민속 음악을 접하게 됐죠. 이 경험은 이후 하차투리안이 창작 활동을 하는 데 있어서 견고한 배경이 됩니다.

하차투리안은 제본공의 아들로 태어나 가난한 삶을 살았어요. 당연히 제대로 된 음악 교육은 받을 수가 없었습니다. 학창 시절 음악 동아리에서 독학으로 악기를 익히는 게 전부였죠. 애초에 음악가의 길은 생각하지도 못했고, 의학이나 공학으로 진로를 고민했답니다. 하차투리안에게는 세 명의 형이 있었습니다. 그중 모스크바 예술극장에서 무대 감독으로 일하고 있는 형을 만나러 모스크바에 가게 되면서 그는 인생의 큰 전환점을 맞이하게 됩니다. 하차투리안의 음악적 재능을 알아본 형이 음악원 입학을 권유한 것입니다. 운이 좋게도 입학시험에 한 번에 통과해 그네신 음악원에 입학하고 처음으로 제대로 된 음악 교육을 받게 되죠. 그의 나이 열여덟 살이었어요.

어떻게 보면 늦은 시작이었지만 그는 최선을 다했습니다. 스물다섯 살에는 차이콥스키 음악원으로 옮겨 더욱 다양한 교육을 받게 됩니다. 그리고 차이콥스키 음악원에서 열심히 실력을 키워 5년 후 졸업 작품으로 첫 교향곡을 작곡하게 되죠. 이렇게 서른 살 즈음 그의 본격적인 작곡 활동이 시작됩니다.

하차투리안은 아르메니아의 민속 음악을 자신의 작품에 반영해 독창적인 작품을 만들어나갔습니다. 첫 작품이었던 〈교향곡 1번〉과 〈바이올린 협주곡〉 그리고 발레 〈가이느〉에 이러한 음악적 특징이 아주 잘 나타나 있죠. 그뿐만 아니라 아르메니아 공화국의 국가를 작곡하고 화폐에 그의 얼굴이 새겨지는 등 아르메니아인으로서의 정체성은 그의 음악과 삶 전체에 걸쳐 나타납니다.

사회주의와 하차투리안   하차투리안이 본격적인 작곡 활동을 시작할 즈음에는 레닌이 죽고 스탈린의 독재 체제가 시작됐습니다. 하차투리안도 프로코피예프와 마찬가지로 사회주의 국가에 맞는 작품들을 써야만 했죠. 당시 '소련 작곡가 동맹'이라는 공산당 산하 단체의 검열을 통해서만 신작 공연의 허가 및 출판이 허용됐어요. 하차투리안은 자신만의 색채로 작곡을 이어가는 한편, 국가의 선전용 노래나 행진곡을 만드는 등 당국의 조건을 만족시키는 음악도 잘 만들어냈습니다. 그 결과 '소비에트 인민 예술가'로 불리게 되었죠.

1948년에 발표한 〈교향곡 3번〉이 형식주의라는 비판을 받기도 했지만, 이후 레닌과 스탈린을 주제로 만든 영화의 음악을 작곡했고, 사회주의 리얼리즘을 표현한 발레 〈스파르타쿠스〉가 호평을 얻게 돼 레닌상을 수상했습니다. 말년에는 후학을 양성하며 교육자로도 살아갔습니다. 그의 제자로는 월북한 작곡가 김순남이 있답니다. 김순남이 작곡한 '조선 빨치산의 노래'를 러시아어로 직접 편곡해주기도 했었죠. 또한 '사회주의 노동영웅상',

'레닌 훈장', '스탈린상' 등을 수상하며 명실상부 소련의 대표적인 작곡가로 이름을 남겼습니다.

첫 발레 〈가이느〉

하차투리안이 작곡한 첫 번째 발레는 〈가이느〉입니다. 1939년에 작곡한 〈행복〉(Happiness)을 독소 전쟁(1941~1942) 기간에 시베리아로 피난을 가서 〈가이느〉라는 제목으로 새롭게 재작업했습니다. 4막 5장으로 구성된 전막 발레로 키로프 발레에서 초연을 했죠. '가이느'라는 제목은 여자 주인공의 이름입니다. 사랑스러운 가이느와 밀수범인 그녀의 남편 기코, 기코의 나쁜 짓을 고발하는 가이느, 이에 가이느를 해치려는 기코, 가이느를 구해주고 기코를 붙잡는 국경경비대장 카자코프, 카자코프의 돌봄 속에 싹트는 둘의 애정과 재혼이 극의 주요 내용입니다. 이 작품으로 스탈린 상을 수상했어요. 권선징악, 그리고 카자코프를 상징하는 사회주의의 메시지가 담긴 발레였기 때문이죠.

〈가이느〉의 배경은 바로 아르메니아예요. 어렸을 때부터 줄곧 접했던 아르메니아의 민속 선율을 '클래식 음악화'해 이국적인 분위기의 발레 음악을 만들어냈죠. 특히 가장 유명한 '칼 춤'은 빠른 8비트의 리듬과 관악기의 강렬한 사운드, 원시적인 선율이 결합한 최고의 명곡으로 꼽힙니다. 중앙아시아에서 전해져 내려오는 전쟁 춤을 상기시키는 음악입니다.

〈가이느〉의 오케스트레이션은 '칼 춤'에서 보이듯이 빵빵한 관악기군과 특이하고 다양한 종류의 타악기가 총동원됐어요. 네 대의 호른, 네 대의 트럼펫, 세 대의 트롬본, 튜바와 코넷으로 구성된 대규모 관악기군과 돌리(doli), 다이라(daira)처럼 중앙아시아 지역에서 유래된 민속 타악기의 사용이 돋보입니다. 그리고 목관악기에서는 특이하게 알토 색소폰이 쓰였죠. 바로 '칼 춤'의 중간부 선율에 첼로 독주와 함께 등장하며 민속적인 음조로 작품을 연주합니다.

현재는 발레보다 주로 모음곡 형태의 연주곡으로 만날 수 있는 작품이에요. 〈가이느 모음곡〉 중에서는 중 '칼 춤'과 '자장가', '장미 소녀들의 춤'이 가장 유명하답니다.

〈가이느〉 중 칼 춤

움직임을 만들어내는 마법의 리듬 〈스파르타쿠스〉

〈스파르타쿠스〉는 1954년에 발표된 발레 작품이에요. 현재는 1968년 그리고로비치의 재안무 버전이 공연되고 있어요. 고대 로마를 배경으로 로마군의 노예가 된 검투사 스파르타쿠스와 그의 아내 프리기아, 로마군의 대장 크라수스와 그의 애첩 아이기나가 등장합니다. 스파르타쿠스가 일으킨 노예 폭동을 발레화한 작품으로, 반란군과 로마군의 남성 군무가 특히 유명합니다. 힘 있는 남성 발레의 매력을 느낄 수 있는 작품이죠.

〈스파르타쿠스〉는 웅장한 사운드가 상당히 압도적입니다. 〈가이느〉에서와 마찬가지로 금관악기와 타악기의 사용이 부각되죠. 네 대의 호른과 네 대의 트럼펫, 세 대의 트롬본, 한 대의 튜바 등 4관 편성의 금관악기가 쓰였습니다. 금관악기는 음악적으로 포인트를 주는 부분이나 클라이맥스에서 주로 연주되는 악기입니다. 하차투리안은 금관악기가 메인으로 부각되는 음악을 많이 만들었어요. 남성과 군대를 상징하는 악기로 금관악기만 한 것이 없기 때문이지요. 포르티시모의 큰 사운드가 극의 분위기를 압도합니다. 거기에 불협화음의 격렬하고 역동적인 리듬은 강인하고도 날렵한 움직임을 더욱 돋보이게 해줍니다. 〈스파르타쿠스〉는 첫 장면부터 모두가 열심히, 강렬하게 움직여요.

〈가이느〉와 마찬가지로 아르메니아 민속 음악들의 요소가 〈스파르타쿠스〉에서도 잘 나타납니다. 예를 들어 3막의 아이기나의 춤은 〈가이느〉의 '칼 춤' 리듬과 선율이 담겨 있답니다. 박진감 넘치는 격렬한 리듬! 바로 이 작품의 가장 중요한 음악적 특징이에요. 움직임을 만들어내는 마법의 리듬 제조기 같죠. 그렇다고 아주 특별한 리듬을 사용한 건 아니에요. 하차투리안은 특히 4/4박자, 알레그로 이상의 빠른 템포를 많이 사용했어요. 규칙적인 리듬의 베이스 위에 다양한 선율을 만들어냅니다. 이것이 반복적으로 나타나요. 빠른 템포의 '꿍짝꿍짝'이 아마 귀에 제일 많이 들릴 거예요. 다양한 타악기가 동원돼 풍성한 사운드까지 더해지죠. 원시적이고도 이국적인 느낌의 기원전 로마 시대를 귀로 느낄 수 있는 음악입니다.

또 이와 대조적인 아다지오 음악도 이 작품의 하이라이트입니다. 3막의 '스파르타쿠스와 프리기아의 아다지오'는 〈스파르타쿠스〉의 가장 명곡으로 꼽힙니다. 아름다운 현악기 선율은 마치 프리기아를 연기하는 발레리나가 만들어내는 아름다운 라인과도 같아요. 남성 군무의 강인함과 대치되죠. 극적인 감정을 불러일으키는 아름답고도 서정적인 선율이 돋보이는 음악이에요. 또한 이 작품의 마지막 장면은 스파르타쿠스의 죽음을 슬퍼하는 프리기아의 춤으로 끝이 납니다. 이때 레퀴엠¹의 합창이 등장하죠. 슬픔에 찬 비가를 '아~'라는 후렴으로 표현합니다. 슬프고 애통한 감정이 배가되는 대목입니다.

〈스파르타쿠스〉 역시 발레 모음곡으로도 만들어졌어요. 총 네 개의 모음곡으로 만들어졌고, 각 모음곡은 4~6곡으로 구성됐습니다. 발레에서 명장면으로 꼽히는 3막 '프리기아와 스파르타쿠스의 아다지오'가 포함돼 있는 제2번 모음곡이 주로 많이 연주되는 편입니다. 명장면 명음악인 '프리기아와 스파르타쿠스의 아다지오'를 들으며 가장 애절했던 그 장면을 상기해봅시다.

〈스파르타쿠스〉 3막
프리기아와 스파르타쿠스의 빠드두

**대중 속으로 들어간
그의 발레 음악**

하차투리안의 발레 음악 중 몇 곡들은 영화 및 방송에 사용되면서 큰 인기를 얻었습니다. 특히 앞서 감상한 아다지오 음악이 대표적입니다. 대중 매체 속으로 들어간 첫 발레 음악이라고 볼 수 있어요. 20세기 들어 영화 제작이 활발해지고, 1920년대 후반에 TV가 등장한 것도 큰 변혁이라고 할 수 있지요. 21세기에 들어

1   죽은이를 위한 미사곡

서도 여전히 그의 발레 음악은 대중 매체에서 만날 수 있답니다.

〈가이느〉에 쓰인 '아다지오' 음악은 2001년 스탠리 큐브릭(Stanley Kubrick)의 영화 〈2001 스페이스 오디세이〉(Space Odyssey)에 쓰였어요. '칼 춤' 음악은 1961년 빌리 와일더(Billy Wilder)의 영화 〈원, 투, 쓰리〉(One, Two, Three)와 2006년 우디 앨런(Woody Allen)의 영화 〈스쿠프〉(Scoop)에 쓰였답니다. '칼 춤'의 음악은 영화나 방송 외에도 게임 음악으로 쓰이곤 했습니다. 듣는 사람을 흥분시키는 빠른 리듬 때문이었죠. 프로 하키팀인 '버팔로 세이버'의 홍보송으로 사용되기도 했답니다.

〈스파르타쿠스〉의 '프리기아와 스파르타쿠스의 아다지오'는 1968년도 영화인 〈허무한 사랑〉(Mayerling)의 메인 사랑 테마로, 영국 방송 〈The Onedin Line〉의 오프닝 테마로, 1970년대 호주의 '필립스' 텔레비전 광고에도 쓰였어요. 그리고 1979년 영화 〈칼리굴라〉(Caligula)에도 사용됐죠. 그 외에도 다양한 방송과 영화, 애니메이션, 광고 그리고 피겨 스케이팅 세계 선수권 대회의 테마곡으로 사용돼 대중들에게 익숙한 곡이 됐습니다.

이처럼 그의 음악이 대중 속으로 들어갈 수 있었던 것은 미디어가 발달하기 시작한 시대적 배경과 더불어 하차투리안의 음악에서 느낄 수 있는 극적인 아름다움과 몸을 움직이게 만드는 리듬 때문이었어요. 발레 음악의 대중화를 이끌어낸 최초의 주인공 하차투리안, 그의 뒤를 이어 이토록 매력적인 많은 발레 음악이 대중들에게 더욱 사랑받는 장르가 되기를 기대해봅니다.

epilogue

산책을 마무리하며

발레 음악가들과 함께한 산책 어땠나요? 저는 이들의 삶과 음악을 통해 인생을 배웠습니다.

그들에게는 환경에 굴하지 않는 음악을 향한 열정과 꿈이 있었습니다. 누군가는 발레가 자신의 인생이자 전부였고, 누군가는 현실의 도피처였죠. 또 새로운 도전이자 설렘이기도 했어요. 누군가는 환상을 담아냈고, 누군가는 자신의 정체성을, 또 누군가는 춤 자체를 담아냈습니다. 그들은 묵묵히 자신의 길을 걸었고, 어떠한 평가에도 겸허했죠. 그들 옆에는 파트너와 조력자가 있었고, 반응해주는 관객이 있었습니다. 무엇보다 그들은 자신의 음악을 내세우지 않았어요. 발레에 한발 양보했죠. 발레가 더 빛날 수 있도록 '발레를 위한' 음악을 만들어냈습니다. 이것이 발레 음악가들에게는 운명과도 같았던 조연의 길이었답니다.

실제로 차이콥스키 이전의 발레 작곡가들은 당시 대부분 이류, 삼류의 소위 '마이너' 작곡가로 분류됐어요. 현재에도 음악사에서는 찾아볼 수 없는 무명의 작곡가나 마찬가지였죠. 그럴 수밖에 없었던 이유는 그들의 실력이 부족해서가 아니라 발레 음악의 태생적 존재감에서 오는 한계 때문이라고 할 수 있습니다. 발레를 위해 자신의 음악적 자아를 포기해야만 했던 이들의 협업 정신은 정말이지 높게 평가할 만합니다.

어떻게 보면 오랜 시간 무용 연습실을 지켜온 저의 삶과도 같다는 생각을 했습니다. 진로를 전향했으나 결국 발레를 만나 다시 피아노 앞에 앉았고, 도전이 숙명과도 같아서 늘 무언가 새로운 시도를 즐겨하다 보니 이렇게 글도 쓰고 있네요. 외롭고 좌절했던 시간들 속에서도 묵묵히 발레 옆을 떠나지 않았습니다. 그저 피아노로 춤추기를 천직으로 삼았어요. 음악적으로는 주목받을 수 없는 자리이나 이 자리를 진심으로 즐거워합니다. 음악에는 힘이 있어서 몸과 마음을 모두 움직일 수 있다고 믿으면서요. 이 모든 과정이 발레를 향한 애정 하나로 지나온 길이었습니다.

주목받지 못했던 발레 음악에도 반전이 있었죠. 바로 조연에 머물러 있던 발레 음악을 주연으로 끌어올렸던 차이콥스키! 차이콥스키 이후에는 발레 음악이 보다 거듭나 발레와 동등한 위치로 급부상했고, 하나의 독창적 예술장르로서 예술성을 인정받기 시작했습니다. 그 덕분에 20세기에 들어서는 발레 작곡가가 작품의 대본이나 연출에 관여하는 등 보다 적극적인 참여가 이뤄졌고요. 더 나아가 현대 무용에서는 음악가가 더 많은 가능성을 가지고 각양각색의 무대를 함께 만들어냅니다. 많은 작곡가들의 도전 영역이자 예술 협업의 정점인 장르가 됐죠.

이 책을 통해 발레 음악이 보다 더 대중의 사랑을 받고 그 가치를 인정받는 장르가 될 수 있도록 발레 음악의 예술성과 존재감이 재조명되었으면 합니다. 발레 음악은 그만의 독특한 개성을 지닙니다. 춤을 위해 만들어진 음악인 만큼 움직임을 만들어내는 다양한 리듬, 발레가 가진 우아함이 담겨 있는 선율, 금방 익숙해질 수 있는 짧은 길이의 소품적 성격, 그리고 스토리와 주인공들의 감정이 담겨 있죠. 마치 환상교향곡이나 교향시 같기도 하고 혹은 소나타, 스케르초 같기도 해요. 모든 음악 형식을 총망라하는 '스페셜 발레 심포니'라는 생각을 해봅니다.

　발레 음악을 알아가는 과정은 발레를 보다 가까이 느끼고 이해할 수 있는 소중한 열쇠가 됩니다. 또한 그 음악만으로도 충분히 발레만큼의 아름다움과 행복감을 안겨주죠. 여기 풀어 놓은 발레 음악과 그것에 관한 이야기들이 새로운 길을 걷는 설레임과 즐거움을 발견하는 여정이었기를 바라봅니다.

　저는 발레와 음악이 있는 또 다른 산책길에서 여러분을 기다리고 있겠습니다.

차이콥스키 〈호두까기인형〉
음악의 빠르기말

Allegro 빠르게

Allegro agitato 빠르고 격렬하게

Allegro brillante 빠르고 화려하게

Allegro giocoso 빠르고 경쾌하게

Allegro giusto 빠르고 정확하게

Allegro moderato 적당한 빠르기로

Allegro molto vivace 매우 빠르게

Allegro non troppo 빠르지만 너무 지나치지 않게

Allegro semplice 단순한 빠르기로

Allegro vivace 매우 빠르고 생기있게

Allegro vivacissimo 매우 빠르고 힘차게

Allegro vivo 빠르고 활발하게

Andante 천천히 걷는 속도로

Andante con moto 느리나 활기있게

Andante ma non troppo 느리지만 지나치지 않게

Andante maestoso 느리고 장엄하게

Andante mosso 느리지만 빠른 느낌으로

Andante tempo di valse 느린 왈츠 템포로

Andantino 조금 느리게 (안단테보다 조금 빠르게)

Andantino sostenuto 음을 충분히 끌어가며 조금 느리게

Commodo 편안하게

L'istesso tempo 먼저와 같은 빠르기로

Moderato 보통 빠르기로

Moderato assai 매우 보통 빠르기로

Moderato con moto 보통 빠르기로 활기있게

Molto meno 보다 조금 느리게

Più allegro 더욱 빠르게

Più andante 더욱 천천히

Più moderato 더욱 보통 빠르기로

Più mosso 보다 빠르게

Poco più allegro 조금 더 빠르게

Presto 매우 빠르게

Tempo di grossvater 할아버지의 템포로

Tempo di marcia viva 행진곡 템포로

Tempo di tarantella 타란텔라 템포로

Tempo di trepak, presto 트레팍 템포로, 빠르게

Tempo di valse 왈츠 템포로

Tempo di valse, ma con moto 왈츠 템포이나 활기차게

Tempo precedente 이전 템포로

Vivace assai 매우 경쾌하게

더발레클래스 3
발레 음악 산책

초판 1쇄 발행 2021년 1월 21일   초판 2쇄 발행 2021년 2월 22일

지은이	펴낸이	주소
김지현	윤지영	06232 서울시 강남구 강남대로 382 18층
삽화	편집	이메일
이린	윤지영	flworx@gmail.com
디자인	교정	홈페이지
로컬앤드	김승규	floorworx.net
	펴낸곳	인스타그램
	플로어웍스	@floorworx_publishing
	출판등록	페이스북 페이지
	2019년 1월 14일	@Flworx

ⓒ김지현, 2021

ISBN
979-11-969997-3-5 03680

이 도서의 국립중앙도서관 출판예정도서목록(CIP)은
서지정보유통지원시스템 홈페이지(http://seoji.nl.go.kr)와
국가자료종합목록 구축시스템(http://kolis-net.nl.go.kr)에서 이용하실 수 있습니다.
(CIP제어번호 : CIP2020053557)

※이 책은 저작권법에 따라 보호받는 저작물이므로 저작권자와 출판사의 허락 없이
   이 책의 내용을 복제하거나 다른 용도로 쓸 수 없습니다.
※책값은 뒤표지에 있습니다. 잘못된 책은 구입한 곳에서 교환해 드립니다.